U0502559

ZERO-零牌管理书系◎领导力

MANAGEMENT
CRAFTSMANSHIP
TEAM LEADER
SELF-TRAINING

管理匠才
班组长自我训练

廖为富
李艺锋 ◎ 著
秦龙坤

中国科学技术出版社
·北 京·

图书在版编目（CIP）数据

管理匠才：班组长自我训练 / 廖为富，李艺锋，秦龙坤著 . -- 北京：中国
科学技术出版社，2020.12

ISBN 978-7-5046-8880-4

I. ①管… II. ①廖… ②李… ③秦… III. ①班组管理 IV. ① F406.6

中国版本图书馆 CIP 数据核字（2020）第 210588 号

策划编辑	杜凡如
责任编辑	杜凡如
封面设计	马筱琨
正文设计	锋尚设计
责任校对	张晓莉
责任印制	李晓霖

出　　版	中国科学技术出版社
发　　行	中国科学技术出版社有限公司发行部
地　　址	北京市海淀区中关村南大街 16 号
邮　　编	100081
发行电话	010-62173865
传　　真	010-62173081
网　　址	http://www.cspbooks.com.cn

开　　本	880mm×1230mm　1/32
字　　数	130 千字
印　　张	6
版　　次	2020 年 12 月第 1 版
印　　次	2020 年 12 月第 1 次印刷
印　　刷	北京盛通印刷股份有限公司
书　　号	ISBN 978-7-5046-8880-4 / F·910
定　　价	59.00 元

缔造企业组织力

　　中国企业在取得长足发展的同时也迎来了新的挑战期。除了商业模式的创新，企业还要重视技术、产品、服务和市场方面的创新。然而，最重要的基础课题是提高核心业务流程的有效性，在这方面，中国企业需要进一步钻研。

　　这对企业运用工业工程、价值工程、统计技术和信息技术，作为组织实现损失最小化和效率最大化的能力提出了要求。

　　技术和制造是营销的一部分，市场营销是从产品—服务的开发到销售的全过程，也就是经营本身。经营的本质是提高企业的流动性。

　　建立营销—研发—生产一体化的产品开发机制，实现客户轴、产品轴和供应链轴三轴联动是很重要的。

　　营销必须标准化，营销务必标准化。东京大学藤本隆宏教授说："通过强化内在竞争力，实现强大的外在竞争力，从而在价格竞争市场中创造非价格竞争力。"我认为这不是理论观点，而是具体的经营手法。

　　零牌顾问机构基于缔造企业组织力的需要，推出面向企业家、职业经理人和新时代员工的"零牌管理书系"，我借此机会向大家推荐这一系列书籍。

木元哲

松下（中国）前总裁

中国企业进入了文化引领未来、战略驱动发展和人才赋能组织的新时代。

零牌顾问机构深入企业经营一线、融入客户团队，是实战派、落地型咨询公司。其出版的管理书系为企业高质量发展提供助力。唐人神集团与零牌顾问机构战略合作，继续为中国大农业做贡献。

陶一山

唐人神集团创始人、董事长

新冠疫情来袭迫使企业不同程度上按下暂停键。如何穿越危机，强健体质，提高组织免疫力是企业经营者共同关注的主题。

祖林老师及零牌顾问机构团队长期深耕中国制造企业，以智力兴企、产业报国为使命，探讨企业如何化危为机、迈向长寿企业之道，值得我们深入学习。

欧阳桃花

北京航空航天大学经管学院教授、博士生导师，经营学博士

企业在不同发展阶段面临不同的挑战甚至危机，战战兢兢、如履薄冰，主动推动组织变革，在持续创业、接力经营中不断提高企业的成熟度，修炼组织智慧，这条路永无止境。

零牌顾问机构20年市场历练，以国际视野和专业能力为不同行业、

不同地域和不同发展阶段的企业提供智囊服务，是企业值得信赖的战略伙伴，零牌管理书系承载了他们的实践智慧和价值分享，值得品读。

刘永刚

江苏省建筑科学研究院有限公司副董事长、院长

在哈尔滨中央红集团，我们特别推崇一个"钻"字。钻是一种专注，钻是一种执着，钻是一种深入。我们每个人都在学习中成长，在钻研中成才，在积累中提升。喜欢钻研的人不只有钻劲儿，他们大多都会用勤奋来为自己正名。祖林老师及零牌顾问机构团队就是这样一批爱"钻"又勤奋的人。

这套零牌管理书系，既是他们长期耕耘于企业管理咨询一线的辛勤成果，也是中国企业这些年飞速成长的精彩缩影。

我推荐大家一起来阅读，一起来做"有灵魂"的企业，做有"生命力"的企业。

栾　芳

哈尔滨中央红集团股份有限公司董事长

我特别推荐祖林老师的著作《危机应激：升级企业免疫力》。这本书里有句话说得特别好："抓住正在涌来的战略机遇，建立新的肌体免疫力。"面对新冠疫情，品胜的经营目标不仅没有受到大的影响，反而实现

了增长。这种"免疫力"的建立，一方面是因为品胜是一家特别愿意去"折腾"的企业，愿意主动去迎接变革，另一方面是因为品胜抓住了产业互联网的战略机遇，开启了PISEN MORE生态战略，找到了全新的增长极。

我们现在的梦想是"把华强北装进品胜"，希望把中国的3C数码行业装进品胜。在此，也祝愿零牌未来能把更多的优质管理创新思维"装进"企业家的头脑里，帮助更多的中国企业渡过危机，实现可持续经营，创造出越来越多健康长寿的中国企业。

赵国成

品胜股份董事长

当前，疫情及其"后遗症"破坏了不少行业很多企业原有的发展路径。行业与市场是触底或是攀升成为企业最关心的课题，企业家该如何精准定位当前经济形势？如何解码企业增长新路径？这套零牌管理书系宛如黑夜里的明灯，为砥砺前行中的企业指引了方向。

这套书的创作历程，就像登山的过程，都是在打造"自我韧劲"，也是被"自我韧劲"所引领。这种韧劲无声，却如光与火，让我们在面对困难或者逆境时能有效应对和适应，在压力的威胁下能够顽强持久、坚韧不拔，在挫折后能成长和新生！

谨以华耐家居所信奉并坚持的八个字"征无止境，勇于攀登"，祝愿本套书系畅销！

李　琦

蚁安居董事长、华耐家居副董事长

从硬性技术到软性技巧、从扎实的理论基础到丰富的实战经验、从西方管理科学的量化与严谨到东方管理哲学的睿智和圆通，零牌顾问机构把挂在墙上、印在书上、传播在手机上的一场场成功的企业变革摘下来，落地成行之有效的方法，从创新管理和创新产品两个方面以双轮驱动的方式助力企业自身的可持续发展，把企业体内的衰老因子赶出去，焕活企业、再造企业。

就像零牌顾问机构一直秉持的"智力兴企、产业报国"，其出版的零牌管理书系不仅仅是"中国经管类口袋书"，更是企业的第三只眼睛、第三方力量，为中国企业整合全球资源，提供源源不断的管理方法，实现企业核心力量的实效落地、实务发展。

谢　坚
红星美凯龙家居集团总裁兼装修产业集团CEO

智力兴企　产业报国

　　为朋友救场的一堂企业物流管理实务课，直接导致一个中国咨询机构的诞生。从2001年4月8日第一次正式向客户提交项目方案发展至今，零牌顾问机构创立已二十年左右，见证了中国企业融入全球经济一体化的过程，参与了中国企业持续变革、崛起于世界舞台的历史进程。2020年9月3日，零牌北京总部入驻开业，广州和北京双总部，零牌顾问机构进入了南北同步驱动、赋能全国企业的新征程。

　　二十年来，零牌顾问机构经历了组建工作室（零牌专家组）、知识产品开发、成立公司、品牌再造、全面业务拓展、覆盖全国市场和迈向全球业务等多个阶段，现在是一家有一定影响力和知名度的全国性咨询机构。

　　2005年9月，作为零牌顾问机构创始人，初露矛头的我进入华南理工大学工商管理学院兼职任教，担任生产运营管理课程教学工作；2009年5月，被聘为中山大学高等继续教育学院兼职教授，主讲组织行为学；之后，我陆续在清华大学继续教育学院、华中科技大学管理学院等商学院受聘担任课程教授。2010年起，零牌顾问机构的专家团队已经常态化地在华南理工大学和中山大学的讲台上为中国产业发展服务，十多年大学工商管理教学历练，极大地推进了零牌顾问机构的理论体系建设。

助力企业提升一体化运营水平，重塑市场竞争力

零牌顾问机构聚焦于企业一体化运营研究，帮助企业打通营销、研发和生产，通过一体化运营快速响应市场，实现战略、流程和组织

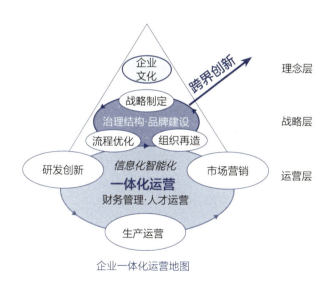

企业一体化运营地图

一体化，推动理念层、战略层和运营层一体化，通过跨界学习突破发展瓶颈。

简而言之，零牌顾问机构是一家为企业提供全职能模块辅导的咨询公司，我们没有局限于人力资源或精益生产这样的单一模块，而是为企业提供类似全科医生这样的整体服务。

在运营层面，营销、研发、生产、财务管理、人才运营（人力资源管理）和信息化智能化（架构设计）六大模块，我们都有非常成功的案例；在战略层面，中期战略制定、组织再造、品牌建设、流程优化、治理结构和跨界创新六大模块，我们每年都有五十个以上的项目，在顶层设计上协助企业蜕变成长；在二代接班、员工代际转换和新业态涌现的历史阶段，企业文化建设也是很多企业加强软实力的重要工作，从2014年开始，零牌顾问机构陆续为先尼科（上海）、劳卡全屋定制、恒基地产集团、远华新材和厦门及时雨焊料等数十家企业提供了专业辅导，覆盖精神文化萃取、文化体系构建、文化传媒企划和行为文化建设等。

我们帮助企业建设硬实力和软实力，通过提高内在竞争力进而提高外在竞争力，不仅提高价格竞争力，还同步提高非价格竞争力，最终实现综合竞争力提升。

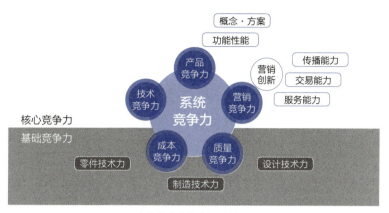

企业综合竞争力提升地图

智力兴企，赋能中国产业

作为智囊机构，我们非常重视技术原创，二十年来，零牌顾问机构开发和建设了拥有自主知识产权的知识库，包括技术地图库、课程提纲库、讲义库、练习库、案例库、音像案例库、项目案例库、调查问卷库、试题库、原创文章库、管理书系和音像课程库等。

零牌知识库是零牌专家团队与全球前沿思想和中国本土实践一体化互动的结晶，其开发过程逐步形成了零牌顾问机构的技术创新特色。二十年来，零牌顾问机构从以现场为中心的精益生产逐步拓展到制造人力资源、销—研—产一体化，从接受华南理工大学工商管理学院关于先进制造技术（AMT）和先进制造业（AMI）的研究，逐步拓展到组织变革和企业顶层设计，关于世界级制造（WCM）和工业

4.0的研究，也激发了我们帮助中国企业迈向世界级经营的动力。

不论研究领域如何演变，零牌顾问机构始终以一体化运营为内核，从营销、研发和生产一体化，到战略、流程和组织一体化，再到理念层、战略层和运营层一体化，二十年来，零牌顾问机构与时俱进，取得了一系列理论创新成果，"水样组织""一体化运营""跨界工作机制""逆算营销""营销标准化""人才盘点""降成本作战地图"……这些读来新鲜的工商管理词汇，是切实指导零牌顾问机构推动企业组织蜕变、强化国际竞争力、构建组织DNA的理论武器。

正是有理论体系的创新支持，零牌顾问机构在市场竞争中独树一帜，业务领域从培训、咨询拓展到全球跨界学习、企业家经营塾（零牌木元塾）、全球资源和智慧企业，常客户群不断扩大，从五百强外资企业、民营企业、上市公司到创业型企业，客户生命周期续创新高，零牌课堂也从中国拓展到日本、美国和德国等。

为了更好地助力中国产业，零牌顾问机构的知识产品从课程、辅导拓展到管理书籍、云课程，与客户的互动方式也从单一的线下拓宽到线上，建立了线上线下一体化的辅导和培训交付模式。

在制定第一版企业文化的时候，我们确立的愿景是：零牌顾问机构致力于成就中国管理咨询行业独具特色的顾问公司，成为员工个人成长和事业发展的平台。多年下来，从内心的追求、经营的实践和市场的反馈，我们逐步明确了零牌的特色是道术融合，推进企业三层次一体化，实战落地，持续战略陪伴；零牌人彼此成就、相融共生，由利益共同体迈上事业共同体，迈向命运共同体。

零牌管理书系，服务更多的中国企业

早在2003年，担任首席顾问的我就有一个愿望：有朝一日在一家出版社全面出版"零牌领导力书系"，随着零牌顾问机构的发展，这个愿望也日益强烈。2013年，当零牌技术地图库达到100张地图时，突然涌现了出版《零牌技术地图集》的灵感和冲动，我发现：零牌领导力书系该破壳而出了。2015年，零牌领导力书系正式起航，至今已经出版11本。

2020年，中国科学技术出版社诚挚邀请零牌顾问机构将零牌领导力书系拓展为零牌管理书系，包括企业家素质、职能管理、领导力和职业素养四个维度，受众矩阵包括经营层（董事长和总经理）、管理层（中高层干部）和运营层（新时代员工），打通线上和线下，线上内容包括系列有声书、系列电子书和系列视频课，线下开设论坛、读书会和培训。这一想法与零牌顾问机构不谋而合，于是，就有了本次开始出版的零牌全新书系。

零牌管理书系是零牌顾问机构和中国企业的共同平台，不仅是二十年来零牌知识体系建设的结晶，而且还是零牌企业客户和优秀学员的经营实践总结，也就是说，零牌管理书系的作者包括零牌专家团队、中国企业家和企业干部。这一定位得到了诸多企业界朋友的热烈响应，泰豪科技股份有限公司前任副总裁刘璋先生、广州市汇奥机电有限公司董事长周祖岳先生等都表达了在零牌管理书系出版专著的愿望。

感怀于二十年来国内企业界对零牌顾问机构的信任和支持，投身国家产业转型和企业蜕变的时代洪流，零牌顾问机构希望以零牌管理书系作为另一种途径，与中国企业互动，与中国企业家互动，与广大干部员工互动，与企业经营管理实践互动。

在零牌管理书系面世之际，我们衷心感谢二十年来关心支持零牌顾问机构的广大客户和学员，我们特别要感谢全国知名培训师万宗平老师，华南理工大学许晓霞、谢菠兰和赖伟老师，中山大学韦小妹、刘正生老师，华中科技大学尹鹤龄和汪琼老师，北京航空航天大学欧阳桃花教授等。

在这里，作为创始人、董事长和技术导师，我还要特别感谢至今仍然奋斗在零牌顾问机构服务一线的赵雅君、怀海涛和梁莹老师，退居二线、默默支持公司发展的创始员工刁爱萍老师，特别感谢曾经为零牌发展做出贡献的聂琳、李宏迎、简建民、黄辉强、谢铨、杨彬誉、袁文、陈汉波、宁静、李煜和张帆等老师，特别感谢方行国际董事长吴培华老师、日本松下电器安本刚基先生、松下创研资深顾问大泽仁老师、日本一桥大学中国交流中心志波干雄教授、日本金桥商务社长杨金峰女士和日本万达旅运社长西内路子女士等事业伙伴。

中国科学技术出版社编辑老师为零牌管理书系的策划和出版贡献了智慧，付出了辛勤的劳动，在此致以衷心的感谢。

零牌顾问机构的赐福之人——松下（中国）前总裁、零牌木元塾塾长木元哲先生，为零牌顾问机构的发展和原创提供了强大的驱动力，做出了巨大的智慧贡献，我们感恩木元哲导师。

零牌管理书系的孕育和诞生，也得到了中国出版界张晓兰、沙林琳、刘颖、冯巩辛、王芹、张杰和王欣等老师的关怀和帮助，在此一并致谢。期待零牌管理书系结合零牌顾问机构的培训、咨询、全球跨界学习、企业家经营私塾、全球资源和智慧企业六大业务，开创零牌顾问机构智力兴企、产业报国的新篇章。

祖　林
零牌顾问机构董事长兼技术导师

进入21世纪，中国成为世界的生产制造中心，国内企业全面融入全球产业链，全面参与国际市场竞争，与此同时，企业经营的国际环境、市场环境和社会环境发生了天翻地覆的变化。随之而来的微利时代，把制造企业推到了前所未有的"尖峰"。"高质量、低成本、短生产周期"成为决定制造企业能否生存与发展的关键。

新时期、新环境给企业管理带来了全新的挑战：客户对社会责任的道德要求，政府对低碳、环保和职业健康的法律约束，社区与企业的快速互动——这些都要求企业具备全方位满足各相关方利益诉求的能力。

另一个对企业经营有重要影响的变化，就是新生代员工步入岗位，社会劳动力的主体逐渐转变为"90后"和"00后"员工，其价值观、行为方式和个人追求出现了有别于老一代员工的全新特点，新生代员工的特点即需要被尊重、个性张扬、追求自我。

班组是企业执行系统中的最基层组织。班组之于企业，如同人体上的细胞，是最细小、最基本的组织。它不仅影响着企业的整体素质，还决定着企业未来的成败。

班组组织建设、一线人才培养、班组绩效考核、员工技能管理、员工薪酬设计、部门风气培养——班组建设是企业基础管理的重要内容，从长远看，将直接影响企业的基础竞争力。海尔总裁张瑞敏认为"企业不是看外表大不大，关键是看它的细胞是否有活力。任何有作为、有远见的企业家，无不把加强班组建设、夯实基础管理作为打造百年企业、创建和谐组织的关键环节与最终落脚点"，道理也就在此。

要加强基础管理，企业必然需要一支技能娴熟、管理科学、善于学习、懂得班组高效沟通和员工培养与激励的一线班组长队伍。他们不仅能做事情、创业绩，还能带队伍；他们业绩突出、经验丰富，还能触类旁通，科学运用管理工具和管理方法快速分析和解决新问题；他们是知识型、管理型、专家型的新一代班组长。

从经验型向知识型、技能型向管理型、业务型向专家型转变，成就职业化的班组长。培养职业素养、提高职业能力、树立职业忠诚、创造职业价值，这是班组长群体职业化发展的必由之路。

笔者总结国内众多外资企业的优秀经验，结合自身十余年的培训和顾问经历，将班组管理的思路、方法和要点系统整理成文，并加强对新生代员工管理、有效激励和高效率工作方法的阐述，希望对国内企业和广大班组长加强新时期班组管理和自我成长有所帮助。

李艺锋
零牌顾问机构高级顾问

目录 CONTENTS

第一章

新型班组长的
职责定位和能力要求

本章摘要

　　深刻理解新型班组长的职责与定位，有利于一线班组长更好地进行职责定位，同时也有利于班组长提升个人能力，更好地开展班组日常管理工作。

一、从一线骨干转型管理者

班组长就是一线管理者，他们大多是从一线干起，熟练掌握岗位技能，在现场工作中起带头模范作用，最能体现管理者作用的就是员工的行为，不良的行为源于不良的管理，所以说管理者的产品就是员工的行为。

1. 什么是管理和管理者

管理就是通过PDCA循环（即Plan：计划；Do：执行；Check：检查；Action：处理）达成QCDSF顾客满意五大目标（Quality：质量；Cost：成本；Delivery：交货期；Safety：安全；Flexibility：柔性）。在管理过程中最主要的是管理员工的需求，要针对他们的需求变化做相应的调整，刚毕业的员工的需求更多是自由与尊重，成家立业的员工的需求是安稳与收入高，所以在安排岗位人员或调动时要区分对待。

管理者是资源运用者，通过制订行动计划，组织相关人员参与，在资源调配过程中实现上下级之间的有效沟通，领导大家群策群力完成计划，在实施过程中出现偏差要及时纠正以控制进度。

2. 班组管理的职责

班组管理就是利用有限的企业资源达成班组目标，从而为达成企业经营目标服务。班组长应按时并保质保量完成任务。

在日常管理中，班组长和员工的职责配合如图1-1所示。

图 1-1　班组长和员工的职责配合

班组管理围绕着四大职责开展日常工作，在实际工作中，班组长和员工之间还要有具体的分工，也就是班组长和员工之间要有职责配合。

（1）员工的职责

员工的具体职责是按标准作业和报告异常，也就是按照标准化作业管理的要求执行作业，同时能够发现异常，采取应对措施并及时报告。

（2）班组长的职责

班组长的具体职责是目标管理和学习思考。所谓目标管理就是围绕质量、成本、交货期、安全和柔性等班组业务目标，有效管理人员、设备、材料、方法、环境和测量系统六大要素，运用PDCA管理循环推动业绩改善，确保各项目标的实现。

同时，班组长还要从烦琐的日常事务中抽身出来，更多地去学习思考。思考现状、理想的状态是什么样的，思考差距在哪里、如何缩小差距，思考如何让自己变得更好、让员工变得更好。也就是说，现代班组长应做到"既要低头拉车，又要抬头看路"。

3. 班组长的多角色转换

班组长需要辅助上级工作并为上级排忧解难，当上级请假或出差时能短时承担上级的部分工作，要及时与上级保持沟通，扮演好上级"替身"的角色。

班组长还需要与同事和其他部门进行合作，工厂日常工作更多的是部门与部门的合作，在事情处理上要多站在对方立场优先考虑问题，这样才能得到别人的认可与尊重，才能使工作关系变得更轻松。

此外，班组长在日常工作中也要经常指导员工提升他们的作业技能和管理能力。

班组长的多角色转换具体如图1-2所示。

图1-2 班组长的多角色转换

4. 四种新型的工作关系

　　企业发展给每一位员工都提供了足够的发展空间。班组长不仅要立足于完成任务实现目标，同时更要做好自己的职业规划，面向未来，把个人的发展与企业的发展、当前的工作结合起来。

　　要谋求个人职业发展，就需要正确看待个人与企业的关系。在新的历史时期，人与企业的关系已经不仅仅是"打工"的关系，而是要上升一个层面，建立四种新关系，即合作关系、伙伴关系、学习关系和发展关系。如图1-3所示。

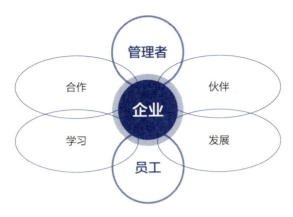

图1-3　四种新型的工作关系

（1）合作关系

员工和企业首先是合作关系。所谓合作就是双向自由选择，利益平衡，员工可以选择企业，企业也可以选择员工。这时候要正确区分经济利益和非经济利益。工资、福利是企业给员工的直接经济利益，而锻炼机会、培训、对外学习和交流机会、职业发展空间、成就感、人际脉络等则是企业给员工的非经济利益。

应该看到，经济利益是企业对员工过去表现的评价和总结，而非经济利益则对员工的未来职业发展产生影响，它会决定员工未来的经济利益。所以，面向未来，我们应该更加重视非经济利益。

（2）伙伴关系

员工有责任为企业创造好的业绩，做出应有的贡献；企业也有义务向员工提供培训，使员工有能力创造业绩，做出贡献，双方建立相辅相成的业绩伙伴关系。

（3）学习关系

员工要善于向企业和团队学习，"与巨人握手"，主动接受企业价值观的熏陶，遵守企业行为准则和业务规范，并在具体业务过程中吸取营养，提升自我，成就未来。

（4）发展关系

员工要与企业一起成长，共谋发展，在企业发展的同时个人也要获得能力提升和职业发展，创造更加美好的未来。

5. 班组长的职业发展路径

伴随企业的发展壮大，不少班组长顺应企业的发展需要，主动接受挑战和锻炼，同时加强自我培养，走上了各级管理和技术岗位，他们的事例充分展示了班组长群体广阔的职业发展空间。

不可否认，人的能力有大小、底子有厚薄之分，班组长可以根据自己的个人情况和兴趣爱好进行选择和规划。

一般来说，班组长的职业发展路径有两条：管理发展路线和技术发展路线，如图1-4所示。

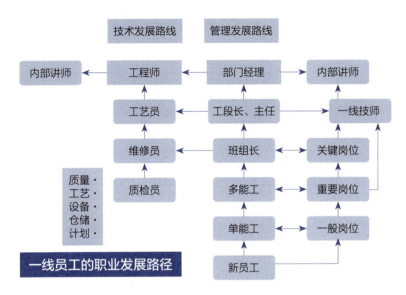

图 1-4　班组长的职业发展路径

（1）管理发展路线

由一线员工到组长、班长，再由班组长到工段长、主任，继而成长为部门经理，这是班组长以职务为导向的发展道路，这要求班组长要不断提高管理能力和综合素质。

（2）技术发展路线

由一线员工到组长、班长，再根据自己的技术特长转岗为工艺员、维修员、培训员、质检员等。

机会属于有准备的人。站在一个更高的层次考虑问题，对比未来的职业发展目标，班组长要清楚地认识自身的能力差距，充分利用当前的业务锻炼、提升自己。

企业的发展给广大员工提供了广阔的发展空间，顺应企业发展的需要，实现由技能型向管理型、由经验型向知识型的转变，是班组长加强自我培养、谋求职业发展的必由之路。

6. 企业对班组长的两大类回报

企业对班组长的回报有物质回报和非物质回报两大类，物质回报主要体现为薪资和福利，非物质回报主要体现为培训机会、锻炼机会、外部交流机会、发展空间、参与经营等（表1-1）。物质回报和非物质回报哪个更重要呢？有人觉得物质回报重要，也有人觉得非物质回报更重要，甚至有人还会觉得两者同等重要。

表 1-1　物质回报与非物质回报

物质回报	非物质回报		
年薪	能力提升	发展空间	行业地位
福利	培训机会	参与经营	专业性
奖品	锻炼机会	外部交流	职业化

（1）物质回报是对过去的总结

诚然，物质回报是生活的基本保障，如果连基本的生活需求都无法满足，那么，再多的非物质回报又有什么意义呢？所以，很多人为了追求更高的薪水而不断地跳槽。

然而，当个人能力及贡献达不到相应要求时，对于物质回报的过高期望就会成为"空中楼阁、水中之月"，而且还会成为个人发展的障碍。

（2）非物质回报是对将来的投入

在基本的生活需求得到满足后，我们就要更注重非物质回报的实现，尤其是对于仍处于职业化初级阶段的班组长来说，非物质回报的获取更为重要。积极主动地争取、参与各种非物质回报活动，对于班组长个人能力的提升大有裨益。当个人能力得到提升，对企业的贡献更大时，物质回报自然而然会得到相应的增长。

二、班组管理的五大目标和六大要素

1. 顾客满意五大目标（QCDSF）

顾客满意的五大目标包括质量、成本、交货期、安全和柔性。

质量（Quality）：站在顾客立场，制造令顾客称心如意的产品。质量是顾客关注的第一焦点，没有好的质量作为保证，再低的价格、再快的交货期都没有意义。所以，保证质量是班组长的第一要务。例如，我们熟知的日本松下电视机，它的质量非常好，它是怎样做到的呢？松下在最开始销售电视时，每隔一段时间就会派业务员去客户家里了解电视机使用情况，如果出现什么问题会及时反馈给工厂进行整改，确保下一批出厂的产品不会出现同样的质量问题。

成本（Cost）：通过有效管理，把顾客的负担降到最低程度，最大限度地提高工作的附加价值，提高公司的经济效益。另外说明一下，这里的成本还包括使用成本。例如，格力空调虽然在同类型产品中价格略高，但由于后期维护省心、使用成本很低，所以格力空调非常畅销。

交货期（Delivery）：抓住时机、准时交货，以足够短的交货周期快速满足客户的需求。

安全（Safety）：确保员工的生产安全和职业健康，加强劳动保护，遵守环境保护和技术法规。

柔性（Flexibility）：敏锐地感觉市场，敏捷地适应企业内外部环境的变化，并具备满足顾客需求变化的能力，这是生产系统的应变弹性能力。企业的柔性越高其抓住市场机会的能力就越强。

2. 现场管理六要素（5M1E）

为了更好地实现班组目标，班组长应该有效地管理人员、机器、材料、方法、环境和测量系统六大要素（简称5M1E，其中5M也常称为人、机、料、法、环）。

人员（Man）：人是生产系统中最重要、最活跃的因素，班组长需要教导员工，使其掌握必要的作业技能，达到合格的行为质量和工作质量，确保每个人都能按要求开展工作，完成任务。同时，要调动一线员工的主动性、积极性，活跃员工思维，使其积极参与改善自主管理。

机器（Machine）：机器或者说设备是生产的重要条件，班组长要做好设备维护保养，给设备配备合适的工作条件，同时科学操作和使用设备，防止设备劣化，使设备发挥最大的工作效率。

材料（Material）：材料是产品的构成元素，只有确保材料零部件的质量才能保证产品的质量，班组长要善于把握材料的特性及变化点，做好应变管理。

方法（Method）：操作方法、工艺条件等是确保质量和效率的基础，根据现场特点，运用工业工程、价值工程等管理技术，改善操作方法，在保证质量的前提下使员工做得更轻松、效率更高、效益更好。同时针对不同型号的产品特点，不断细化工艺条件，使工艺条件更合理、更优化、更有针对性。

环境（Environment）：生产环境对人和设备的影响都非常大，因此，班组长要深入开展5S现场管理（即整理Seiri、整顿Seiton、清扫Seiso、清洁Seiketsu、素养Shitsuke），运用人体工学的原理不断进行现场改善，创造整洁、明朗、有序的生产环境，确保安全、质量和效率。

测量系统（Measurement）：测量系统是进行数字化管理的重要条件，班组长要确保测量误差在可接受的范围内，使企业能够正确衡量业务状况。测量仪器、测量方法和测量员工是测量系统的重要组成部分，进行正确的测量系统分析（Measurement Systems Analysis，简称MSA）是业务改善的重要环节。

三、班组长职责定位

创业绩、带队伍和传播文化是班组长的三大岗位职责。在围绕这三大职责开展日常工作时，班组长和员工之间还有其他具体的分工。

1. 创业绩是班组长的第一职责

业绩就是现场管理的指标，要达成指标首先要正确对待问题，推动问题的解决，现场管理才能不断地进步。围绕目标，发现问题并推动问题的解决，提升业绩，这是班组长的第一职责。

班组是企业的细胞，人员、机器、材料、方法、环境和测量系统是企业为班组配备的必要资源，也是有限的资源，所以在班组管理中班组长务必要建立两种基本的观念。

（1）资源观念

班组长要将周围的环境当作资源来看待，人员、机器、材料、方法、环境是资源，技术和信息是资源，上级、同级和下级也是资源。只有把周围的环境都当作可以利用的资源来看待，我们才能改变对它们的态度——资源为我所用，想办法调动这些资源，为实现部门目标努力。

在生产企业中，生产部门和质量管理部门往往是一对"冤家"，生产部门和设备维护部门也经常闹矛盾。站在资源运用的角度，班组长就要突破表面现象，将他们当作是可以利用的资源来看待，改变对他们的态度，调动他们为班组管理服务。

资源是有限的，这就需要我们不断去寻找、挖掘、拓展、创造，办法总比困难多，分析和解决问题是管理工作的本质。

（2）经营观念

班组长还需具备经营实体所必备的基本要素，也就是说一个班组就是一个经营实体，管理一个部门就是经营一个部门，充分发挥个人的主观能动性和集体的智慧，使企业配置到班组的资源能创造出最大的效益，所以，一个班组搞得好不好主要取决于班组长这个"小老板"当得好不好。

每个班组都是一方小天地，班组长应该自主思考我怎么把自己的这方小天地管理好，我该做哪些事情，如何做好，还有哪些不足，同时还应付出努力提升自己的管理能力。

决定班组业绩好坏的是班组长的管理能力——即运用人员、机器、材料、方法、环境等资源创造业绩的能力，班组长在实施具体业务的同时，要重视隐含在过程中的方法和能力问题，建立资源运用和部门经营的观念，站在更高的角度，以更广的视野来看待班组管理。

2. 带队伍是班组长的关键职责

管理就是管事理人，它是一种有价值和道德取向的工具，它的对象是人所进行的工作，班组长是通过下属达成目标的，所以在创业绩的同时还要学会带队伍。

（1）管事

班组长需要思考怎样做事、怎样组织做事、怎样将事情做好、如何完成任务并达到目标。

（2）理人

管理者通过集聚下属的力量完成任务，达到目标。改善沟通与协调关系是理人的关键。

在推进具体业务的过程中，班组长要做好人员之间的分工和配合，协调成员之间和部门之间的关系，不仅要使工作顺利进行，还要改善班组的工作氛围，提高协作能力、班组凝聚力和团队作战能力。

所以，班组人员管理的实质是不断提高自身及下属的能力，创造具有积极氛围的环境和集体。

因此，班组长不但要会"待人"，而且还要会"带人"。班组长要能指导下属、提高他们的管理技能，激励先进员工，帮助落后员工，只有大家的能力都提高了，班组的业绩能力才能提高。

3. 传播文化是班组长的重要职责

企业文化是企业在长期的经营活动中所形成的，并且被企业内成员所普遍认可和遵循的价值取向、是非观念、工作习惯、行为规范和思维方式的总和，每个企业的文化都具有自身的特色。

班组长在创业绩、带队伍的过程中，还要努力将企业文化传播给企业员工，如果在员工队伍中缺失企业文化，就会导致部门风气恶化，执行力降低等不良后果。

四、新型班组长的三种能力模型

赶产量、抓质量、做考核、谋绩效、降成本、求效益，班组管理工作涉及方方面面，"上面千条线，下面一根针"，因此，班组管理对班组长提出了很高的能力要求。

新官上任总有一个适应过程，班组长要尽快适应环境，主动提升能力，做合格的班组长，此外，还要清楚地知道合格班组长应该具备的能力模型。

1. 日本企业的花朵模型

日本企业把对中基层管理者的能力要求归纳为五大方面：职责知识、业务知识、沟通能力、改善能力、培养能力，这种能力模型称为花朵模型，如图1-5所示。

图 1-5　花朵模型

（1）职责知识

职责知识，就是在正确理解企业经营方针的基础上，从本质上理解本管理岗位的职责，明确自己的责任目标；从部门经营的角度把握作为部门责任人的责、权、利，正确理解、灵活运用企业制度为部门经营服务。对班组长而言，具体表现为：

① 有强烈的目标管理意识，熟悉目标管理体系的运作。

② 能根据企业的要求制定合理的、具有挑战性的班组目标。

③ 能进行项目细化，建立并完善统计渠道，实施推移管理[①]。

④ 能根据推移管理图[②]进行趋势分析，找出重点业务课题。

⑤ 能进行班组及个人的业绩考核，活用企业绩效管理体系进行业绩激励。

（2）业务知识

业务知识是指全面了解本部门相关的业务流程，掌握必要的专业技术、业务技能和管理技术，有足够的实务运作能力。

对于班组长来说，也就是能组织班组正常开展业务活动，按时保质保量地完成生产任务，具体表现为：

① 日常管理：开好每日班会，做到每日工作有序，做好分工配合、提高效率。

② 安全文明生产：关注细节，掌握 5S 现场及安全管理的要点，

---

① 推移管理：指管理者随着时间推移的发展趋势或周期性变动来观察事件，并探索可能的影响因素。

② 推移管理图：也称推移图或趋势图，指的是以时间为横轴，观察变量为纵轴，用以反映时间与数量之间的关系，观察变量变化发展的趋势及偏差的统计图。

扎实推进。

③ 重抓质量：做好产前策划，抓改善、抓落实，稳步提高工作质量和产品质量。

④ 做好物料管理：做好产前准备、产中控制、产后检查，防止混用，减少浪费。

⑤ 设备管理：做好设备的一级维护，参与工艺改进，提高生产效率，降低成本。

⑥ 成本管理：提高质量、减少浪费，节能降耗、提高工效。

（3）沟通能力

班组长应该具有一定的书面表达能力和口头表达能力，掌握必要的说服技巧，能充分、得体、有效地与人沟通，争取上司、同级和下属的理解和支持，能恰当地进行冲突管理，能进行跨部门、跨级别的业务协调。具体表现为：

① 做好班组人员管理，提高一线员工的应变能力。

② 有良好的沟通习惯和沟通技巧，善于报告、联络和商量。

③ 注重人的心理分析，善于处理班组内外的人际关系，争取各方面的业务支持。

④ 创造乐观、积极、友善、向上的工作氛围，培养良好的班组风气，形成好"土壤"。

（4）改善能力

改善能力是指班组长要围绕班组目标对比现状，发现差距和问题，通过业务改善和管理改善，提高业绩和业务能力。具体表现为：

① 有正确的问题意识，敢于正视问题，充分利用问题带来的改进机会。

② 保持对问题的敏锐性，能用专业的眼光和方法深刻发现问题。

③ 能运用 PDCA 循环及 8D 问题解决法分析和解决问题。

④ 熟练掌握必要的管理工具，能利用科学工具和方法推进业务改善。

（5）培养能力

培养能力是指班组长应尊重员工，真诚对待员工，重视自我培养和下属培养，能教导员工、能带队伍，不断完善组织建设，培养良好班风，提高班组战斗力。具体表现为：

① 加强自我培养，不断增加自己的可迁移能力[1]。

② 因材施教，高效率地传授作业方法。

③ 善于总结，掌握基础的工作方法。

④ 做好新员工和多能工的培养工作，提升员工的技能。

⑤ 公平公正地考核评价，恰到好处地批评员工或表扬员工。

---

[1] 可迁移能力：指那些能够从一份工作中转移运用到另一份工作中，可以用来完成许多类型工作的技能。

2. 美国企业的智商＋情商模型

美国企业把对中基层管理者的能力要求分成两大类：**一类是智商（IQ），一类是情商（EQ）**。对应的能力模型称为智商+情商模型，如图1-6所示。

图 1-6　智商＋情商模型

（1）智商

所谓智商，是指人的聪明程度和领悟能力，对于班组管理而言，体现在技术和技能的掌握程度。

（2）情商

所谓情商，是指与人打交道的能力，争取他人支持与合作的能力，对人产生影响的能力。人与人之间，智商的差别不大，但情商可能会存在很大差别,同样一句话,换一个人说,对人的影响就大不相同。很显然,在班组管理中,工作分配、关系协调、业务指导等,都需要班组长有足够的情商,所以要注重情商的培养。

3. 中国企业的火箭模型

总结中国企业对中基层管理者的能力要求,我们开发了一个能力模型——火箭模型(图1-7)。我们认为现代企业的管理者应该具备五种能力:学习能力、影响能力、行动能力、应变能力和业绩能力。

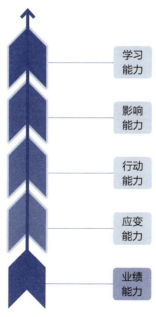

图 1-7 火箭模型

（1）学习能力

社会发展日新月异，现代企业的管理者应该具备很强的学习能力，不但要快速掌握新技术、新技能、新知识，还要不断革新观念，与时俱进。

（2）影响能力

现代企业的管理者要有对他人产生影响的能力，能协调相关部门、相关人员的理解、支持和配合，共同来推进业务。

（3）行动能力

脚踏实地、雷厉风行，高效的执行能力是企业管理者必备的第三大能力。

（4）应变能力

在班组管理过程中，班组长要学会快速应变，围绕目标突破阻力，消除执行过程中的困难和障碍，努力实现目标。更重要的是能提早预见困难，未雨绸缪，防患于未然。

（5）业绩能力

班组长要用事实说话，用最好的业绩证明自己能够承担责任。

不同职位对管理者的管理能力和技术能力的要求是不同的，随着职务的提升和责任范围的扩大，对管理能力的要求逐步提高，对技术（技能）的要求则会相应降低，这就是管理者能力配比曲线（图1-8）。

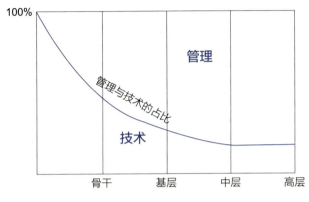

图 1-8　干部能力配比曲线

　　班组长候选人需要具备基础的管理意识，掌握一定的管理工具，可以考察其对5S、安全、质量意识、公司制度、部门管理的理解，看看他是否有过帮助班组长填写报表的经历等，确认他是不是一个适合的候选人。

五、杰出班组长的能力要求

　　杰出班组长有四项基本能力要求：出色业绩、辅佐上级、培养下属、支持同级。如图1-9所示。

图 1-9　杰出班组长必备的管理能力

1. 出色业绩

班组长是靠业绩生存的，没有达到要求的业绩，就难以安身立命。出色的班组长是用业绩结果来说话的，业绩结果是通过他人评价而非自我评价得出的，用结果证明自己能够承担责任，用责任能力而不仅仅是责任感争取公司的认可。

2. 辅佐上级

一个好的管理者要能适应上司，同时保持工作的自主性。在遇到问题时，要提前积极沟通，寻求帮助。

辅佐上级体现了对上级的诚意，杰出的班组长要想正确处理与上级的关系，必须做好以下几点：

① 做好本职工作、独当一面，让上级安心。

② 高处着眼、细处着手，善做上级的棋子，诚心诚意辅佐上级、替上级分忧解难。

③ 综观大局、敢于直言，与上级保持良性互动。

3. 培养下属

杰出的班组长要想更好地培养下属，应该做到以下几点：

① 与下属保持良好的沟通和配合，创造相互尊重、融洽和谐的工作氛围。

② 对待员工既严格要求、精益求精，又要宽松活泼、自由民主。

③ 班组长要设身处地、发自内心地关心下属，为下属考虑未来，有培养下属的想法和行动。

为下属考虑未来是最持久的激励，当下属各有所成时上级也会倍感欣慰，相信曾经的下属也会心存感激，这种人间情怀和人格魅力不能不说是一种精神力量。

4. 支持同级

关联部门、同级之间的工作配合非常重要，班组长不仅要善于争取他人的支持，同时也要积极地支持他人，支持别人就是支持自己。

六、杰出班组长要有阳光心态

俗话说："适者生存，处处都是好土壤；心态平衡，时时都是艳阳天。"

确实，在班组长的职业发展过程中，良好的心态至关重要。职业化的班组长应该具备五种基本心态：主动心态、积极心态、学习心态、求变心态和自省心态。如图1-10所示。

图 1-10　良好的心态是成就班组长的基础

1. 主动心态

所谓主动心态，就是以自我为主体开展班组管理工作，变"要我做"为"我要做"。当上级布置一件任务时，应该自己主动争取去做，而不是上级要求让自己去做。

主动心态还反映在进行班组管理的时候，班组长要有资源意识，懂得将周围的环境当作是可以利用的资源，活用周围的资源为班组管理服务，但也不能单纯地依赖资源。同时，运用资源的时候要做好过程跟踪管理，一切以谋求好的结果为目的，最终用好的结果说话，用好的业绩证明自己能够承担责任——这叫作"责任能力"。

2. 积极心态

积极的心态表现在两个方面：一是从积极的、善意的角度理解人；二是善于转化。

所谓从积极的角度理解人，就是碰到事情总是从积极的方面去考虑。一个人有了成绩可以总结经验，推而广之，但如果出了问题也要及时整改，举一反三，防微杜渐。问题就是最好的教育机会，"一切的存在都是有利的"，有了这样的想法，就不会怕出问题了。

所谓从善意的角度理解人，就是要善解人意，时刻想着大家都想把事情做好，这样我们才会以平和的心态和对方交流，探讨改进的方法。

所谓善于转化，就是善于利用每一次出问题、出事故的机会，从源头进行整改，防止问题再次发生，同时做好当事人及相关员工的教育工作。这样，每出一次事故都使班组管理完善一次，每出一次问题都使大家受一次教育，久而久之，班组管理水平就一步一步往上走，这样消极的影响也会转化为积极的作用。

3. 学习心态

孔子曰:"三人行,必有我师焉。"班组长要树立学习的心态,要学会用欣赏的眼光看人,带着求知的心态做事,讨教的心态对人,同事之间取长补短、优势互补、相互学习、共同提高。

此外,班组长要善于培养人,还要善于整合优秀的人一起工作。

4. 求变心态

不变是暂时的,变化是永恒的。求生存、谋发展,就要主动求变。

改变自己才能改变别人,创造变化才能争取主动。班组长不仅要适应变化,而且要主动创造变化,在变化中不断提升。

班组长面临着由技能型向管理型、由经验型向知识型转变的迫切要求,谁能够主动改变自己,顺应这种要求,谁就掌握了职业发展的主动权。相反,不学习,不求变,就等于是坐等淘汰。

5. 自省心态

任何人不进行反省就不会取得进步。

一个人没有做好与自己相关的任何事情都会有自身的原因,碰到问题首先要自我反省,从自己身上找原因,直面不足的自己、懦弱的自己,经常反省自己的失误和不足,在自省中寻求改进。

具备上述五种基本心态，班组长就能利用每一次机会，将个人进步和业务推进结合起来，将个人职业发展与班组管理结合起来，加强自我培养，努力提升自身管理能力和综合素质，从而不断提升个人的职业化程度，和企业同呼吸、共命运、谋发展。

七、班组长的自我培养与提升

俗话说，知耻而后勇。只有客观地认识自身的不足、正视自己的缺点，才有勇气去改正错误、弥补不足，才能在工作中有计划地提升自己。要想成为一名优秀的班组长，日常工作中的自我培养与提升尤为重要。具体表现如图1-11所示。

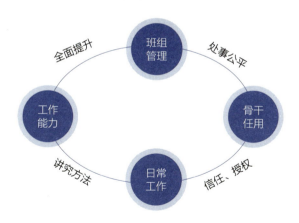

图 1-11　班组长的自我培养与提升

1. 班组管理：处事公平

员工对班组管理的抱怨首先来自处事不公。很多企业的员工奖金由班组长初评，主管复评，生产部经理批准。员工对奖金的意见一直普遍存在，有的班组长确实在奖金的评定中有失公平公正。主要有以下几个原因：

① 班组长最了解员工，所以班组长的评价最有权威。

② 大部分企业的工资制度是保密的，不允许工资公开，缺少透明度。

③ 有的企业班组长的权力很大，可以对员工扣分、罚款，当出现问题时班组长会包庇自己的老乡，却对其他员工进行惩罚。

员工在专注于做产品的同时，也会关注奖金。班组长以业绩为主，要关注如何把事情做好，如何处理员工之间的矛盾，而矛盾的产生都源于不公平的工作安排或薪酬待遇等，所以，班组长在关注业绩的同时更要关注员工，关注公平。

2. 骨干任用：信任、授权

一线骨干是班组长的助手，协助班组长管理一个台位。有的骨干很有凝聚力，有很好的管理意识和沟通意识，经常利用空余时间和同事们聚在一起研究一线业务问题。

通常，班组成员中有20%的员工不用管，20%的员工要经常管，60%的员工可以由骨干协调。班组长的工作重点是关注20%要经常管的员工，对于其他员工则授权骨干员工进行管理。

要给骨干员工信任和授权，使骨干员工在班组长不在的时候敢管、能管，可以独立解决问题。充分授权对调动骨干员工的主动性、积极性和发挥他们的能力至关重要。

3. 日常工作：讲究方法

有的班组长进入公司已经很长时间了，却很少与员工在一起，员工只有工作上有问题的时候才可能与班组长接触；有的班组长一般不批评员工，要批评也是批评最差的员工，甚至，有些班组长直接对员工进行罚款。

甚至在少数班组长眼里，企业的文化就是批评人的文化、罚款的文化。这种单一的工作方法，肯定不会使员工心服口服。

所以，班组长在日常工作中，一定要讲究方法。在企业环境中开展工作，非常讲究心服口服，否则，即便眼前问题解决了，今后还会出现新的问题。

4. 工作能力：全面提升

执行力不够，工作的落实不到位；任务的重点把握不到位，不谨慎，易冲动；处理问题方法简单，相同的问题重复发生，不能从根本上解决问题，很多主管对班组长的上述表现深有感触，非常希望班组长的工作能力能够全面提升。

　　班组长只有带着谦虚的心态，与下属、同级和上级保持密切的沟通，听取各方对自己的评价、意见和建议，才能客观把握自己的状态，找到进步的方向。

第二章

日清日结：
班组一日管理

本章摘要

　　立足一日，着眼长远。有序地安排每一天的
工作，积跬步成千里，才能创造出色业绩，成为
杰出班组长。

　　每一天都能发现问题，每一天都能有所提高。
首先，班组长要建立"问题就是机会"的正确意
识；其次，要培养问题眼光，保持对问题的敏锐
性，保持对问题的洞察力。

　　班组长要善于发挥组长的作用，充分授权、
分担压力、减小风险、提高效率；班组长还要善
于运用资源杠杆，充分争取上级的支持。

　　这样，班组长才能逐步走出"救火"的困局，
逐步做到消防结合、游刃有余。

班组长每一天的工作都必须有计划地进行，虽然免不了有"救火"的情形，但"救火"绝不能成为班组长工作的主体和常态。

要改变天天"救火"的被动状态，就要利用每一次"救火"的机会，总结经验。更重要的是，在每一天的工作中增强预防意识，加强标准化作业和变化点的管理，主动进行预见性的改善，逐步做到变"救火"为"消防"。

一、心中有数：把握班组每一天工作的全貌

班组长要想把握好每一天的工作，首先要全面熟悉一天工作的目标和内容，如图2-1所示，以免顾此失彼，捡了芝麻丢了西瓜。

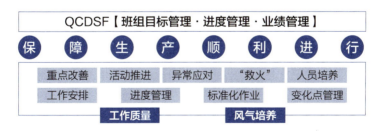

图 2-1　工作目标

其次，要理解班组每天生产的实质是执行订单，执行订单的标准是"按时、保质、保量"，然后围绕订单执行即"按时、保质、保量"这一目标进行工作安排和进度管理。进度管理的实质是落实标准化作业和进行变化点管理，发现变化要及时采取应对措施，做到防微杜渐，确保每天的生产高效、有序地进行。

1. 直接工作目标：保障生产顺利进行

班组长每天的首要任务或者直接工作目标就是保障生产顺利进行，按时、保质、保量地完成生产任务，这是头等大事。

2. 工作安排

班组长一天的工作首先从工作安排开始，依据当天的生产计划，合理分配任务、调配人员，使班组任务能够分担落实，确保人人有事做、事事被落实。

3. 进度管理

工作安排下去以后，班组长还要确认实际的进展情况是否按计划进行，在时间和状态上有无偏差和异常；是否需要做相应的偏差调整，消除异常，确保按计划完成任务。进度管理的实质是落实标准化作业和进行变化点管理。

4. 标准化作业

在检查进度的同时，班组长还要确认员工是否确实实施了标准化作业，即是否按照标准进行操作，是否遵守工艺纪律、安全规范，是否按照要求实施质量检查并做好质量记录。

标准化作业是保证质量和销量的重要基础，一旦发现员工没有实施标准化作业，该纠正的要立即纠正。对于技能不足的员工要进行指导和帮助，通过纠正和指导，使员工养成遵守规定、按标准作业的良好习惯。

5. 变化点管理

班组长应带着问题意识和问题眼光巡查现场，在检查标准化作业的同时，要细心观察现场是否有变化，从人、机、料、法、环五个管理要素着手，调动各种思维，利用对比和测量的方法，看看有无异常、有无偏差、有无变化。

6. 异常应对

班组长一旦发现异常，要立即采取应对措施，确认异常是正常波动还是已经超出标准，是需要立即整改还是需要计划性停产纠正。做好事前管理，才能防患于未然。

7. "救火"

一旦发生事故，班组长需要即时启动事故应对流程，最大限度地控制损失，该停产的要停产，该隔离的要隔离，该封存的要封存，该救治伤员的要救治伤员，再运用8D问题解决法进行问题分析与解决。

8. 重点改善

班组长在每一天的工作中，也需要对重点课题实施改善。班组管理的本质就是目标管理，目标管理的实质就是改善，通过改善影响班组业绩，使班组业绩接近、达到甚至是超过目标。

发现异常进行事前应对是一种改善，出现事故紧急"救火"也是一种改善，但这两种措施都是被动改善。因此，就算是没出什么问题，班组长也要在一天的工作当中抽出时间，围绕重点课题主动进行业务改善，这种改善才属于预见性改善。

9. 活动推进

为推动业绩提升，企业和部门都会开展管理活动，如5S活动、合理化建议活动、员工星级考核活动等，班组长要善于在日常工作中推动管理活动的开展，使之与具体工作结合起来，使管理活动更好地服务于任务完成、目标实现和班组建设。

10. 人员培养

除上述非常具体直接的工作以外，班组长还有一个很重要的工作，就是结合日常业务培养一线员工、骨干和后备干部。如新员工岗位培训、多能工培养、骨干锻炼等，虽然这些都是重要而不紧急的事情，但这样的事情平时做得多、做到位，紧急"救火"（又重要又紧急）的情况就会逐步减少，班组长的工作就能逐步轻松有序、一步一步往前走。

11. 中期工作目标：目标管理和业绩管理

班组长不仅要重视完成当天的生产任务，还要重视以什么样的质量水平、成本指标完成任务，是否在确保安全的情况下完成任务，即班组长在完成任务的同时要重视班组目标的实现，做到每天都有进步。

12. 工作质量是基础

工作质量是产品质量和流程质量的基础。在日常工作中，班组长要善于把握员工的工作质量，通过言传身教和工作指导，提高员工的工作质量水平，使大家养成"做实、做到位""第一次就把事情做对"的良好习惯。

13. 风气培养意义深远

风气是部门久而久之形成的群体是非观念、行为模式和工作风格，风气一旦形成，就会对部门成员产生潜移默化的深刻影响。积极向上的部门自然英才辈出；散漫颓废的部门必定士气低迷。

所以，班组长在日常工作中要带着积极、正面的理念处理具体工作，要有非常强烈的风气培养意识，将风气培养于一点一滴、一时一事之中。

一个出色的班组长必定是能打硬战、能带队伍、能培养良好风气的班组长。看似简单的一日管理，蕴含着深刻的管理思想。

二、顺利交接：做好跨勤务班组工作交接

班组长每天到公司后的第一件事，就是提前到达现场，从QCDSF（质量、成本、交货期、安全、柔性）和5M1E（人员、机器、材料、方法、环境和测量系统）等角度把握一个班的状况，做到上班

之前就对工作安排心中有数，提前联络各部门负责人，及时处理意外事情。

为了更好地掌握现场和上一个班的状况，班组长至少要提早15分钟到达现场。

1. 工作预交接

提早到达现场的目的就是把握状况，进行工作预交接。例如，发现上一个班某台设备坏了，作业员正在协助维修人员进行抢修，从当时情况看也不能马上就修好，这时就要班组长把本班该岗位作业员紧急叫到现场，提前介入，掌握状况，尽快接手。这样，在上一个班下班后本班能够顺利地把工作推进下去，避免由于交接不及时带来的时间和进度损失。

只有提早到达现场并进行工作预交接，班组长才能根据实际情况恰当地调整当日的工作安排，提高班前会安排的针对性和有效性。一般来说，熟练的班组长最少要提前15分钟到达生产现场，新上任的班组长至少要提早30分钟到达生产现场。

2. 正式工作交接

工作交接也称"交班"，一般发生在相同作业场所、执行同一生产计划、使用相同设备进行交替作业的班组之间，由前后班相连出勤的班组长及其上级共同进行，根据实际需要，有时班组骨干或相关作业人员也需要参与。

3. 交接管理是状态管理

前后勤务的工作交接是班组长的基本工作任务，目的是确保工作顺畅进行，避免因信息不畅导致工作受阻。

交接到位是交接班的基本要求，只有达到这种状态，班组长当天的工作才算完成，所以对交接班要做状态管理而非时间管理。

交班的班组长必须做到交接之后对当班工作安排心中有数，尤其是产品的要求、5M1E变化点的应对、转产安排等重要事项。

三、分清主次：工作安排和进度管理

1. 班前会

上班时首先要召开班前会，确认人员出勤情况，总结前一天的工作，布置当天的工作及人员调配，进行工作指导和人员教育。高效率地召开班前会是班组高效工作的重要保证。

2. 生产确认

利用班前会安排好班组工作后，员工各就各位开始工作，班组长必须对生产安排的落实情况进行现场确认，包括：

① 生产的型号是否正确。

② 相关人员对当班的生产数量是否清楚。

③ 现场的材料是否正确。

④ 作业人员是否到位。

⑤ 设备是否正常。

⑥ 是否遵守工艺条件和作业标准。

⑦ 质量巡检。

⑧ 实际转产时间及转产安排。

四、落实标准化作业，加强变化点管理

1. 质量巡检

质量巡检是班组长日常工作的重要内容之一，其实质是检查标准化作业的实施情况、现场质量结果、变化点把握及异常应对。

在质量巡检过程中，尤其要加强对质量记录的确认，通过质量记录把握一线员工的作业状态。

2. 变化点管理

变化点管理是现场管理中的重要内容，其目的是预见性地发现问题，在事故、故障和损失出现之前采取主动性的改善行动。

把握现场变化点一般从5M1E及进度七大方面进行，见表2-1。

表 2-1　5MIE 及进度七大方面变化点管理

项目	把握要点	项目	把握要点
人员	·标准化作业遵守状态 ·个人情绪与精力 ·岗位与技能情况	方法	·工装夹具状态 ·设备状态 ·工艺条件适合性
设备	·一级保养情况 ·性能与精度 ·基本工作条件是否具备 ·磨损与寿命管理	环境	·5S 现场管理 ·现场作业照明情况 ·现场安全管理 ·人性化作业配置
材料	·型号、外观、尺寸 ·批次、厂家 ·管理状态 ·使用情况	进度	·实际进度 ·转产安排调整 ·转产准备 ·联络协调
测量系统	·测量仪器 ·测量方法 ·测量员工		

3. 异常应对

异常情况有很多种，有的是行为异常（如违章、违纪、违反规范），有的是状态异常（如偏差、事故、隐患），发现异常后要善于区分不同的情况和程度，采取恰当的行动，如图2-2所示。

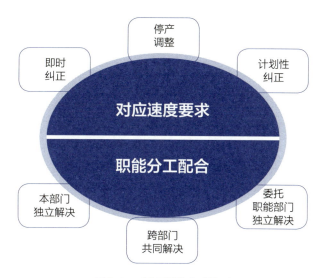

图2-2 对应异常的几种情形

按异常的严重程度和可能的损失大小，该即时纠正的，要立即指示纠正，直到消除异常；该停产调整的，要立即停机进行解决；需要计划性纠正的要明确具体的时间计划和相关安排，并跟踪落实。

按异常内容涉及的职能分工，本班组能够独立解决的问题要立即行动、全力以赴；需要跨部门解决的问题，要用好的方法争取相关部门的支持，快速行动、共同解决；必须委托职能部门独立解决的问题，要充分说明重要性和紧迫性，全力争取对方的理解和支持，尽快解决问题，本班组要做好跟踪、辅助工作。

不同情形的资源运作方式不同，例如，必须委托职能部门独立解决的问题，自己和对方打招呼，可能还要进行书面联络；除了自己联络，可能还要请上级与对方的上级打个招呼，这样才能促进问题的解决。

五、推进重点改善和管理活动

企业目标的实现、企业理念与文化的传播只有以活动作为载体，才能传达到企业的每个细胞——班组。所以，持续有效地开展改善和管理活动对于提升班组活力及班组管理水平至关重要。

改善和管理活动的形式多种多样，主要活动如下。

1. 优秀班组评比

优秀班组评比活动可以提升班组的现场管理水平，促进班组业绩的提升，同时提高班组长发现问题、解决问题的能力，引导、激励员工关注班组业绩，参与部门管理。

企业往往以月为周期进行优秀班组评比活动，以年度为周期进行综合评比，除进行评优外，还会对进步显著的班组进行奖励，以奖金作为物质奖励，以流动红旗或奖杯等作为非物质奖励。

优秀班组的评比要遵循公平公正、公开透明的原则，设定评比标准及业绩统计渠道。

2. 优秀员工评比

优秀员工的评比原则及具体方法同优秀班组。

3. 专题活动设计

如果日常工作没有太大的推动力，这就需要设计活动推进课题改善。常见的班组专题活动有：管理征文、演讲、技能竞赛等。

通过专题活动设计，实现由领导意志向全员意志的转移，推动专题课题改善及其过程管理，调动全员参与，发挥全员智慧，实现业绩目标。

4. 改善案例评比

通过班组改善案例的提交、评比与宣传，可以提升全员的改善意识及改善能力，在实现班组业绩提升的同时，促进班组人才的培养，具体表现如图2-3所示。

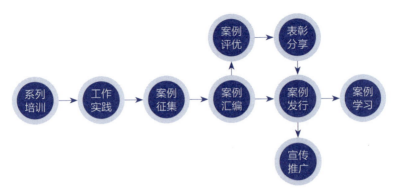

图 2-3　改善案例评比活动推进路径

六、抓好员工工作质量和班组风气培养

　　企业犹如大"熔炉"，在"熔炉"中"炼"过的员工无不带有企业的烙印。优秀企业对从业员工的职业化成长有着特别突出的作用，同时优秀企业也在扮演社会"人才培训学校"的角色，对社区、行业和社会的进步功不可没。

　　培养和保持良好的风气，班组才会形成一股永久的凝聚力。

1. 提倡积极正面的工作方法

　　做事情的方法有很多，不同的方法可以达到相同的目标。不过有的方法会产生积极正面的影响，符合企业的价值观和行为准则，而有的方法却违背企业的制度、规定或文化，产生消极负面甚至是恶劣的影响。

在班组工作中，一定要坚持用积极正面的方法开展工作，遇到不好的表现要及时进行行为纠正，并以此教育班组全员。

2. 培养严格遵守规定的工作习惯

在工作过程中，员工要严格执行规定的标准，严格是工作的基本。班组长要通过细节管理，使员工养成严格遵守纪律、规定、规范和工作常识的良好习惯，做到有令即行、有禁即止、高效贯彻，提高班组执行力。

3. 培养优秀的一线管理文化

（1）坦诚

坦诚是一种基本的工作态度，是改善和合作的基础。员工要真诚做人、用心做事，坦然面对问题，诚心接受批评和建议，有则改之、无则加勉。

（2）改善

改善的意识是前进的动力，改善的行动是前进的起点。员工要做到永远追求进步、永远追求更好，拥有求善求美的积极心态和行动意识。

（3）合作

合作是职能分配的结果，员工不能因为对方是自己喜欢或不喜欢的人而改变对工作与合作的态度。

支持别人就是支持自己。对于职责内的事情要全力以赴，职责外的事情也要倾情协助。合作体现的是一种职业人格，是公司利益第一的全局观和思维境界。

4. 培养良好的班组风气

一个好的班组，不仅要培养"严守规定、真诚开放；持续改善、积极向上；优势互补、共同成长"的班组风气，还要创造"简单明了、宽松和谐；包容互助、乐于学习"的软性环境，把班组建设成创业绩、长才干、共学习、谋发展的"人才摇篮"。

班组长应该充分利用班前会、座谈会，结合具体事例进行剖析，扬"善"弃"恶"，将培养风气贯穿到班组管理过程的方方面面。

一个出色的班组长，必定是一个能征善战、能打硬仗的班组长；一个出色的班组长，也必定是一个作风优良、善带团队的班组长。

一个优秀的班组，必定是一个训练有素、业绩突出的班组；一个优秀的班组，也必定是一个正气浩然、人才辈出的班组。

七、做好当班工作总结和交接班

1. 填写报表

根据当天的实际情况，班组长需要按要求填写相关报表，记录生产、质量、员工出勤、工作效率及班组其他工作的结果及相关信息。

日常报表是进行数据分析的重要统计渠道，是班组目标管理的重要基础，也是日后进行追溯性管理、业务分析和课题改进的基础资料。

应该强调的是，填写报表要准确、及时，也要尽量数字化、具体化，避免大而空的形式主义。

班组工作报表的填写不一定要全部由班组长进行，还可以充分利用组长、领料员等助手和骨干分工进行，但班组长要全面把握，确保无误。

2. 工作总结及交班

在填写报表的同时，班组长要综合工作信息和报表数据，对当天工作进行总结，包括：

① 与计划、目标对比：是否完成任务，是否达到目标。

② 与正常状态对比：是否有变化，是否有异常。

③ 当天工作出现过哪些问题，解决对策及结果如何。

④ 当天工作有无遗留问题或事项。

⑤ 交班时需要向下一班员工提醒哪些事项。

⑥ 评价当天的员工表现，明确第二天班前会时要做的教育工作。

除了做好当天工作的总结，还要按照上述要求做好交班记录和交班工作，顺利完成交接，做到问题不留尾巴。

第三章

美好的一天
从高效率班前会开始

本章摘要

　　班前会不仅可以进行工作安排，而且可以营造良好的工作氛围，是班组沟通的平台、"说教"的场所。高效率的班前会更是提高工作效率、引导良好习惯、培养良好班组风气的重要途径。

　　班组会是班组日常运作的重要方式，有班前会和班后会两种。早上召开的班前会又称为早会、晨会，晚上召开的班后会又称为晚会、夕会。

　　班前会制度最早于 20 世纪 20 年代在美国兴起，最初是福特公司的车间员工任务分配会，后来被日本、韩国等企业广为采用，90 年代初进入中国，成为班组长进行工作安排、传递信息、人员教育、员工激励的有效途径。

有的班组习惯每天召开班前会，有的班组习惯每天召开班后会。通常，对于提高一天的工作效率，坚持每日召开班前会的效果比班后会要好。

本节以白班前会（以下简称"班前会"）为例说明怎样高效率地召开班前会。俗话说，一日之计在于晨。班前会是班组一天工作的开始。一天工作怎么做、怎么分工配合、协同作战，事前策划和合理安排至关重要。

一、班前会的目的和意义

1. 班前会的目的

高效率的班前会有四大主要目的：营造工作氛围、进行工作安排、传递公司信息、指导和教育员工。具体表现如图3-1所示。

营造工作氛围

进行工作安排

传递公司信息

指导和教育员工

图 3-1　班前会的目的

（1）营造工作氛围

刚开始上班，员工难免还停留在思想松弛、注意力不集中的"休息"状态，班前会的主要目的就是使班组全员的身体和心理都快速进入工作状态，创造适度的工作紧张感。

（2）进行工作安排

当天的工作任务、目标、人员调配、注意事项等工作安排是班前会的主要内容，通过明确、具体的工作指示，协同全员的工作意识和行动，使当天的工作有序进行。

（3）传递公司信息

班前会也是上传下达的重要途径。利用班前会向员工充分传递行业方向、公司动态、业务信息、管理要求等必要的信息，能提高员工个人工作目标和企业经营目标的一致性。

（4）指导和教育员工

班前会是召开频率最高、参与人员最广的日常工作会议。利用班前会对员工关于前一天出现的问题、当天要注意的事项进行工作指导和教育，能提高员工意识、提高工作质量、培养良好风气。

2. 班前会的意义

开好班前会是一天高效率工作的重要基础，明确班前会的目的是开好班前会的第一步。

长期坚持高效率地召开班前会，对人员培养和班组建设意义重大，具体表现在五个方面，如图3-2所示。

☆ 有序安排，提高工作效率
☆ 上传下达，保持良好沟通
☆ 增强集体观念
☆ 引导良好的工作习惯
☆ 培养良好的班组风气

图3-2 班前会的意义

（1）有序安排，提高工作效率

班前会是一个系统交流的机会，利用班前会可以总结昨天的问题，规划今天的任务。总结问题时要让大家知道问题的责任人是谁、产生的后果如何，同时也要起到教育他人、预防再次发生的作用；布置任务时最好用量化的指标，使大家明确任务，变被动为主动。

班组长应充分利用每天班前会的机会，把事前计划好的工作与实际状况相结合，布置工作任务，降低沟通成本，使大家上岗时目标明确，减少时间浪费和效率损失。

（2）上传下达，保持良好沟通

一线员工长期工作在生产现场，班前会是向员工传递企业信息的重要渠道。

（3）增强集体观念

班组成员长期在一起开班前会，能带来"班组一家"的归属感，提高大家对班组的认同度，强化集体观念，增强班组的自我约束能力。

（4）引导良好的工作习惯

班前会是一个很好的"说教"场所，利用每天的班前会查漏补缺，寓员工教育于说教之中，能使大家逐步纠正不良行为，养成良好的工作习惯。

（5）培养良好的班组风气

由个人到群体不断培养良好的工作习惯，积少成多，利用班前会持之以恒地进行员工教育，就会逐步形成积极向上的班组风气，形成人才培养的良性土壤。

二、班前会的四种队列形式

理解了高效率班前会的目的和意义，班组长务必掌握召开班前会的技巧，提高班前会的质量和效率，迈开个人和班组高效率工作的第一步。班前会主要有四种队列形式，具体如图3-3所示。

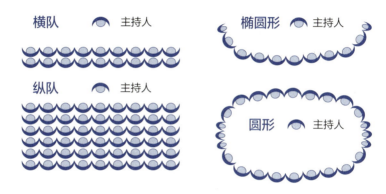

图 3-3　四种队列形式

1. 横队队列

横队是最常用的一种队列形式，这种形式有利于主持人将声音向四周辐射，利于表达者把握听众的反应，同时也易于听众接收信息，双方能形成一定程度的互动，如图3-4所示。

图3-4　某电子工厂班前会横队队列场景

2. 纵队队列

纵队适用于人数超过100人的大综合班前会，容纳人数多，如图3-5所示，但表达者和听众难以形成互动，表达者最好使用扩音器或站在讲台上发言。班组班前会一般很少用这种队列。

图3-5　某电子工厂班前会纵队队列场景

3. 椭圆形队列

椭圆形队列的特点是员工之间距离近，互动充分，适用于人数不多的班前会或碰头会，尤其适用于需要讨论具体内容的班前会，如图3-6所示。

图 3-6　某电子企业包装车间班前会椭圆形队列场景

4. 圆形队列

圆形队列距离均匀，适用于20人左右的班前会，如图3-7所示。

图 3-7 某电子企业组装车间班前会圆形队列场景

三、召开班前会

一场高质量的、精彩的班前会就像是一桌思想的盛宴，让人如沐春风，意气风发，精神振奋，茅塞顿开；一场劣质的班前会只会让人沮丧万分，萎靡不振，兴趣和动力荡然无存。

班前会的质量是班前会赖以生存的基础，班前会的成败对工作效率和班组士气有至关重要的影响。

1. 班前会的准备

（1）班前会的组织

班前会是一天工作的开始，班前会的质量影响班组一天的工作质量。所以，首先要重视班前会的组织工作，包括：

① 召开时间：每天上班刚开始或上班前召开，一般在 15 分钟之内为宜。

② 召开地点：晴天在户外开阔地，雨天在室内空地。

③ 参加人员：班组全员。

④ 班前会队列：横队、纵队、椭圆形和圆形四种。

⑤ 主持人员：班组成员轮流主持。

⑥ 主讲人员：班组长。

（2）召开时间

班前会一般在每天规定的上班时间准时召开，也可以在规定的上班时间之前召开。

如果是后一种情形，一定要明确每天班前会的具体时间。例如，公司规定工作日上班时间为上午8：00，部门规定上班前15分钟召开班前会，则要求员工每天要在7：45准时到达班前会的召开地点。

为了确保召开班前会的严肃性，可以规定准时参加班前会是对员工的基本要求，否则视为违纪。

生理学研究表明，在一种状态下人可以集中注意力听讲的时间是15分钟。因此，班前会召开时间一般在15分钟以内为宜，时间过长会影响班前会的效果。

（3）召开地点

班前会召开的地点要事前规划好，比如晴天在什么地方，雨天在什么地方。

一般来说，晴天在户外开阔地召开班前会效果比较好。户外空气清新、天色明朗、天高地阔，没有室内的各种干扰；雨天则改在事前规划好的室内空地。

同一个部门不同班组的班前会召开地点尽量挨在一起，但也要有一定的间隔，这样既避免了班组之间相互干扰，又方便在工作需要时紧急召集综合班前会或班组长碰头会。同时，这样安排还有利于促进班组之间的良性竞争，各个班组班前会召开的效果也一目了然，彼此之间还可以相互学习，更便于上级检查。

（4）班前会看板

在班组会场地准许的情况下，也要增加班前会看板，内容包含前一天生产中出现的问题和当天生产计划、工厂的联络事项等，虽然这些信息在班前会上班组长都会向大家说明，但听过之后容易忘记，因此看板的作用是便于员工及时了解情况。看板填写一般在当班生产结束后，填写人员是班组长或骨干人员。

同时也可以将部门的KPI指标做月度推移管理展示，让班组成员了解部门的状况信息，让他们清楚地知道哪些指标还需要努力。

制造现场中很多问题都是由于变化点引起的，制造现场日常变化点的管理尤其重要，所以要在班前会看板上将当天的人员、机器、材料、方法、环境、测量系统等变化点因素标明，并将注意事项记录好让全员都清楚，做好由变化点引起的安全或质量事故预防措施。

公司举办的标语征集也可以展示在班前会看板上，让大家每天都能看到自己写的标语，起到提醒自己和警示作用。

（5）参加人员

班前会是全员的班前会，要求所有班组成员都要参加。如果因为特殊原因不能参加班前会，应该提前向班组长请假，否则视为违纪行为，并进行必要的教育处理。

（6）主持人和主讲人

班前会的主要代表人员一般有主持人和主讲人。

主持人负责整理队列，领唱厂歌，领读企业经营理念，之后发表个人工作感想或建议，再请出主讲人布置当天工作。

主讲人一般由班组长或骨干担任，主要负责实施班前会的主要内容，包括前一天的工作总结、当天的工作安排、人员教育，以及信息传递等。

2. 班前会的内容

班前会讲解的内容主要包括企业经营动态、生产信息、质量信息、现场5S状况、安全状况、工作纪律、班组风气及联络事项等。当然，并不是每天都面面俱到，而是根据实际情况确定当天要讲的内容。同样都是讲安全状况，不同时间讲解的切入点及强调的要点也因现场发生的状况而有所区别。一般情况下，班前会的内容主要有七个方面，具体表现见表3-1。

表 3-1　班前会的内容

顺序	内容	主持人	大致时间
1	齐唱厂歌、朗读经营理念	值日者	3 分钟
2	分享工作感想	值日者	2 分钟
3	前日工作总结	班组长	5 分钟
4	当天工作安排		
5	工作要求事项		
6	公司相关信息		
7	特别联络事项	相关人员	2 分钟

（1）齐唱厂歌、朗读经营理念

根据公司要求，由值日者领唱厂歌、领读企业经营理念。如果公司没有要求，则可以不进行。

班组长可以根据阶段性工作的重点设计相关的内容，由值日者领读，例如，在生产旺季抓安全，可以朗读"安全第一、预防为主、教育为重"的安全管理方针或班组安全格言，这样可以创造抓安全的氛围。

（2）分享工作感想

接下来由值日员工向大家分享个人的工作经验、心得体会、自我反省、工作建议等。要求值日员工主题明确、表达完整，时间最好控制在2~3分钟，避免一句话分享仓促了事、简单应付。

（3）前日工作总结

让员工轮流主持班前会，给予员工总结经验、表达意见或建议的机会，这是班组民主管理的有效途径，有利于提高员工的工作意识、集体观念和班组凝聚力。

之后，由班前会主持人请出班组长讲话，例如，"接下来，请班组长布置今天的工作。大家欢迎！"

班组长首先要对前一天的工作进行总结，可以从以下几个方面进行：

① 有没有完成任务。

② 有没有达到目标。

③ 有没有事故和异常。

④ 现场有哪些变化点。

⑤ 上述情况带来的反省和要求。

在总结时，要避免类似"昨天大家干得不错"等大而空的表达，尽可能具体到人、具体到事，有理有据地进行肯定或批评。例如：

"昨天大家干得不错！我们按时在17：30完成了1000件产品的生产任务，没有出现特别的质量问题，首次批量生产一次成功而且突破了999件的单班生产纪录！"

（4）当天工作安排

安排当天的工作是班前会的重点内容，包括当天的生产计划、工作目标、任务分配及人员调配等。

班组长在布置工作时要清楚明确，不要含糊其词造成混淆，当讲到具体员工的工作安排时要注视对方，确认对方的反应，确保对方理解到位。

（5）工作要求事项

根据前一天的情况和当天的安排，班组长应该明确提出对大家的要求和期望，包括时间要求、工作质量要求、工作配合要求、遵守纪律的要求，以及及时联络的要求等。

（6）公司相关信息

根据不同阶段的实际情况，在必要的时候向大家传递公司的相关信息，能使员工了解大局，更好地理解和接受工作要求。

公司的相关信息包括市场和行业动态、客户要求、公司经营情况和发展方向、正在和即将开展的管理活动等。

但要注意的是，班前会内容要突出重点，避免由于面面俱到反倒什么也没讲好。例如，最近生产比较正常，当天安排也没有什么特别情况时，就可以讲讲公司动态。在上述班前会内容已经占用了比较长时间的情况下，公司相关信息就可以留到下次再讲。

（7）特别联络事项

在班前会结束之前，不要忘记问一句："请问其他同事有没有联络事项?"如果有，就请其出来补充说明一下，如开会通知等。这样可以避免该通知的未通知、该提醒的未提醒；如果没有，即可道谢结束班前会。

3. 班前会的召开要点

为了高效率地召开班前会，要注意以下五个要点：

（1）充分准备

1）轮值员工：化压力为动力

让员工轮流主持班前会，往往会碰到员工不愿说、不会说甚至当"逃兵"的现象，此时，班组长要帮助员工化压力为动力。对于轮值员工来说，30个人的班组，每个员工一个月只有一次机会主持班前会，这么难得的机会应该重视。班组长要事先做好以下几个方面的准备：

① 要让员工认识到主持班前会是工作的一部分，所以要提前做好每个月的班前会轮值表。

② 要事前动员、事前准备，班组长应该提示、引导，帮助员工总结经验，必要时指导员工写好演讲稿，实在不行也可以直接念演讲稿。

③ 要言传身教，带领大家克服心理障碍，提高员工的表达能力。长期坚持下来，大家的表达能力会逐步提高，总结能力也会逐步提升，关心集体、发现问题、提出建议的能力也会随之提高。

2）班组长：勤能补拙

为了开好班前会，班组长随时都要细心观察、敏锐感触、深入思考、认真总结。每天工作结束后，在填写报表、总结工作的同时，班组长就要确定第二天的工作重点，理清第二天班前会要讲的内容和要点，必要的时候用笔记本或便条记录好，以便第二天召开班前会时可以拿出来参考，这样就能避免疏漏，实在不行也可以拿出准备好的记录念。久而久之，就能改变开工后才做安排，生产时才发现人少的被动局面，逐步提高班前会的质量。

（2）整队

班前会融考勤、着装、严肃纪律、贯彻制度、技能培训、班组交流于一体，是加强基础管理、提升员工素质、锻炼组织能力的一种良好形式，所以，组织班前会一定要严格。

1）确认出勤

该点名时要点名，人少时采用全员呼应式点名，人多时应该由组长等骨干自行确认本组人员的到会情况，主管向组长呼应式确认，并大声说出出勤确认结果。

2）规定站姿

俗话说"站有站相，坐有坐相"。站要站直、坐要坐正，手怎么放、头怎么摆、眼往哪儿看，都要对大家提出要求，避免出现歪歪扭扭、头歪眼斜、手插衣袋、交头接耳等现象，影响班前会的氛围。

为了创造适度的工作紧张感，使大家进入工作状态，可以由值日员工或班组长先进行整队，再开始班前会。

（3）问候及回应

不管谁在班前会上讲话，第一声都要问好，最后进行道谢。全体员工听到问好后要集体回应，回应要整齐有力。

问候语要设计成大家容易回应的方式，逐步形成一种规范。早上开班前会，班组长出来讲话的举例如下：

班组长："各位，早上好！"（刚毅、有力）

全员："班组长，早上好！"（整齐有力，朝气蓬勃）

讲话结束时，一定要道一声"谢谢"。需要提醒的是，如果是班后会，班组长讲话应该先道一声"辛苦了！"

一声问候一声回应，工作氛围和团队力量顿时洋溢在团队中，大家的注意力瞬间被集中到倾听主持人的表达上。时间一长，员工自然就养成一种互相打招呼的好习惯。

（4）表达要点化

班前会时间短、内容多，班组长布置工作要清楚，下达任务要准确，要使全员理解到位，尽量采用要点化的表达方法，即把自己表达的内容归纳成几个方面或几个要点，每个要点尽量控制在10个字以内，再用一定的篇幅进行演绎，说完这几个要点，要讲的内容基本就说完了。这样，表达者容易说完整，听众也容易听进去。

例如："今天的班前会，我重点和大家讲讲安全方面的三个问题：第一是劳保用品穿戴，第二是持证上岗，第三是工作配合时的呼应。首先讲劳保用品穿戴，昨天14：10，我在自动焊一号岗……"

要点讲完之后，可以做一个回顾、总结。例如，"刚才，我就正确穿戴劳保用品、持证上岗和工作配合时要大声呼应三个问题说明了最近安全作业的要求，希望大家在岗位上严格遵守！从今天开始，班组全员每天都会就上述三个问题进行严格检查，第二天班前会上公布结果。"

（5）公众表达

主持班前会、安排工作是一种公众表达，其基本要求是：镇定大方、吐字清晰、声音洪亮、要点明确，同时展现出精神饱满、精力充沛、积极乐观、朝气蓬勃的精神风貌。

讲话的人充满激情，才能激发班组成员的工作激情。如果讲话的人都有气无力，听众也必定昏昏欲睡，提不起精神。

四、班前会的有效利用

班前会的召开还要考虑与阶段性工作、阶段性管理活动相结合，与班组内人才培养相结合。班前会的内容及形式也要经常变换，这样才能使班前会"常开常新"。

班前会是基础管理的一种重要会议形式，具有出勤管理，鼓舞士气，政令下达，增加团队凝聚力、向心力的作用，同时还可以强化员工对企业文化的认同感，锻炼人才，培养风气。班组长应该充分利用班前会进行礼仪教育，创造工作紧张感，促进全员学习，同时还要注重班前会的形式和内容创新。

1. 与阶段性工作重点相结合

（1）利用班前会提升班组业绩

质量、成本、效率、安全等班组业绩指标，不仅班组长要关注，员工也要关注，此外更需要班组全体成员齐心协力，才能实现班组业绩的提升。

当某方面业绩出现波动或出现下滑的苗头时，班组长就要善于利用班前会，通过说教、员工自我反省、重点工作安排、重点人员教育等方式引起员工重视，强化全员的达标意识，纠正不良行为，实现班组业绩的稳定及提升。

（2）利用班前会推动阶段性管理活动

班组管理水平的提升离不开班组管理活动的开展，设备维护、质量强化、技能提升等班组活动的推行，都需要利用班前会进行活动动员、活动推进安排、活动推进指导及活动表彰总结。

2. 与班组建设相结合

（1）创建良好团队氛围

一声"早上好"，一声"辛苦了"，一声问候一声回应，工作的氛围、相处的喜悦使每位同事都如沐春风，正所谓"微笑的环境，愉悦的心情"。长此以往，全员必将养成有礼有节、善解人意、友好相处的好习惯，创造轻松、和谐、善意和积极向上的人际环境。

（2）增强工作的紧迫感

出勤、列队、齐声歌唱、铿锵朗读，批评与表扬、分享与激励，通过班前会，让班组成员有所思、有所动，使大家带着意识工作，瞄准目标行动，思维敏捷，信心百倍地投入一线生产当中。

（3）扬善弃恶、培养风气

有"恶"不抑，必然会带来恶瘤不除，争相效仿，邪气上升，风气变坏的后果；有"善"不扬，则会使班组正气不足，激励无效，人心不稳、负面增长。

班前会人员参与面广、召开频率高，是进行全员教育的重要阵地，要充分利用班前会压制歪风、弘扬正气，扬"善"弃"恶"，具体表现如图3-8所示。

善

☆爱岗敬业
☆遵章守纪
☆积极改善
☆业绩显著
☆消除浪费
☆创造效益
☆防微杜渐
☆扑灭事故

恶

☆不负责任
☆违章乱纪
☆消极抵抗
☆低级错误
☆各种损失
☆不良影响
☆屡错屡犯
☆隐瞒事故

图 3-8 扬"善"弃"恶"

随着班前会活动的深入开展，遵守意识、执行意识、沟通意识和团队意识必将根植于员工的心灵深处，班组风气就能节节上升。

（4）全员学习，智慧经营

员工每天会面对复杂、繁重的工作，碰到许多新问题、新变化，难免会有畏难情绪。通过班前会这个平台来集中学习、互动分享，不失为一种简单高效的好方法。班前会可以成为员工的加油站、充电器。

通过高效率的班前会，使全体员工都有机会分享经验、发表意见、集思广益、励精图治，为班组管理和班组建设群策群力。

3. 如何使班前会"常开常新"

（1）注重创新，有效利用

召开班前会，班组长必须根据形势的变化和发展，不断探索适合班组实际的新形式、新方法、新内容，如果总是因循守旧，往往会让班组成员感到沉闷，难以唤起员工的创造热情和活力。

班前会要突出重点，内容要多样化，要有新意，要讲问题，更要指方向；要批评，更要表扬；要质量、产量，更要关心、爱护和帮助。

一松一紧称为有度，一张一弛称为和谐。班组工作每周、每月都会有重点，设计一些专题让有特长的员工在班前会和大家分享，调动全员的积极性，推动重点工作的开展；也可以请质量管理、设备维护等职能部门的同事参与班前会，给大家讲解工作要点。

班前会的形式可以多样化，忌沉闷死板。比如，设计"三分钟演讲"比赛、"一分钟建议"活动，同时将演讲稿汇编成册并分发给所有员工，此外，还可以利用班前会进行不良实物分析、安全事故分析、消防器材使用训练等。

（2）巧用领导开班前会

在班组工作推进的过程中，可以巧用上级领导的权威，实现重点工作或难点工作的推动。所以，必要时可以邀请领导参加班前会，借领导之口提要求、定目标、施压力。除工作安排之外，在领导出席的班前会上，可表彰优秀员工、批评落后员工，达到提升班组士气、扬

"善"弃"恶"的目的。

（3）活用相关部门开班前会

适当的时候，还可以邀请相关部门的同事参加本部门的班前会，从而提高跨部门工作推行的力度，或者通过观摩其他班组的班前会，达到相互借鉴、相互学习的目的。

（4）班前会是人才训练的好机会

班组长为了培养后备的管理人才，会将推进项目细分后分配给骨干人员负责推进，班前会就是一个非常好的训练场所，骨干人员可以把发现的问题和要求大家整改的对策在班前会上进行说明，不仅有助于提高其报告能力，也帮助其树立了个人威望，为下一步晋升快速上岗提前做好铺垫。

（5）班前会评比活动

为使班前会"常开常新"，在公司层面定期举办班前会评比是很有必要的，为进一步鼓舞员工工作士气，增强部门团队意识，加强员工工作激情，强化干部管理水平，在规范班前会要求的同时可树立"班前会标杆"，让大家都清楚班前会是怎样召开的，知道公司也非常重视班前会。

1）班前会评比标准

① 仪容仪表：优雅、大方、热情、真诚，着装得体，符合公司标准。

② 言语表达：发音标准，声音清晰、洪亮，语言组织能力强。

③ 鼓励与互动：切合实际鼓励员工在工作上的表现，运用语言带动工作氛围。

④ 思想意义：传递正能量，体现团结、认真、友爱、努力等积极向上的思想内容。

⑤ 组织安排：提前准备好班前会组织安排，现场纪律维持有序，队形整齐。

2）班前会评比奖励

① 每月评选出一等奖 1 名，二等奖 2 名，三等奖 3 名，并于次月 10 日前公布比赛结果，对于获奖的班组，第一名给予 500 元现金奖励，第二名给予 300 元现金奖励，第三名给予 200 元现金奖励，同时为获奖班组颁发荣誉锦旗（奖金只作参考）。

② 活动颁发的荣誉锦旗为流动锦旗，每月评比后颁发给获奖班组，待下个评比周期前收回，再颁发给下一周期获奖班组。

③ 每一周期的评比结果由班组建设推进委员会在公司班组建设看板上进行累计公示，并进行年度累计，年度累计结果作为公司年度优秀班组评选的依据之一。

第四章

班组工作方法

看清现状、理清思路、修正自己，才能走出烦琐事务缠身、劳而无功的误区，讲究工作方法，面向未来、立足眼前，管理自己、活用他人，进而游刃有余地工作和生活。

时间管理是一种选择。做，还是不做；做什么，不做什么……

时间管理是一种策略。什么时间、做什么、怎么做，谁来做、和谁一起做，分几次做、用什么方式做、做到什么程度……如果把上述几个要素结合起来运用，就知道时间管理的策略其实就是做事的策略。

"煽"动部下、"说"动同级、"请"动上级，从管理自己的时间到管理别人的时间，职业人士就是这样在时间管理的过程中提高含金量，体现社会价值。

企业的发展取决于中高层的能力，但企业日常工作是否稳定正常，却要看班组。

班组是企业的最小战略单元。换句话说，班组就是兵头将尾，是最小的管理单位，而众多企业都在谈的阿米巴经营，也是以班组为单位，班组的管理就凸显得更为重要。

一、基础观念

1. 观念先行，结果导向

　　班组管理，首先需要有正确的观念，所谓纲举目张，指的是只有人的基本方向是正确的，后续的一系列衍生的方法、行动等才不会走偏。

　　观念决定态度、态度影响方法、方法改变行动、行动养成习惯、习惯形成性格、性格决定命运。只有形成正确的观念，才会有积极的态度，有积极的态度才会考虑适用的方法，进而主动开展行动。据说一个好的习惯养成需要21天，这就告诉我们要持续改善，持续行动。优秀的习惯自然能形成良好的性格，细微的习惯能改变长远的人生。比如，一个求知若渴的人，不会放弃学习的机会。"腹有诗书气自华"，长时间的积累会让人的气质变得不一样，后续的结果自然也会越来越好。

2. 工作三化

（1）书面化

　　口说无凭，好记性不如烂笔头，班组长不仅要会干，还要会做笔记、写报告。

当然，以书面为载体，不仅仅是作为作业凭证，方便追溯管理，更重要的是有助于系统性思考，从各方面系统性思考问题；更理性，科学地进行问题分析；更全面，全方位地进行信息沟通，避免信息失真。

书面化是现代管理者最基本的工作能力之一。利用书面化方法开展工作，可以使过程显现化，便于跟踪、确认。

大部分班组长有经验、有技术，不论是转产或者是质量改进，都要靠全体员工的积极性，靠大家一起来完成，所以，班组长也要善于将自己的经验和技术整理成系统性的东西，用书面化的形式表现出来，变自己知道为大家知道，变自己能做到为大家能做到，这样自己的工作也就轻松了。

（2）数字化

数字化是借助管理工具获取相关信息，用数字把握现状，根据技术原理和逻辑推理透析数字之间的因果关系，进行逻辑分析，从而把握问题的真正原因，如图4-1所示。逻辑推理与技术原理，在很大程度上需要数字技术的支撑，通过对数字分析而得出结论。例如，空调销量有明显的淡旺季之分，但什么时候是淡季，什么时候是旺季；淡季的销量是多少，旺季的销量是多少；淡季的时候需不需要为旺季备库存，备多少，旺季要增

图4-1　数字化

产，增多少；这一切的背后都需要大量的数据支撑。近年来，世界已经迈入大数据运用时代，对于数据的运用程度已经越来越精确。

将书面化与数字化的工作方法相结合，还能使我们更好地收集现状、理性思考、科学分析，尤其是借助管理工具进行统计分析，从深层次探讨改善对策。

虽然班组长最清楚现场的状况，但数据背后的业务性和管理特性，班组长往往统计、分析得还不够。运用数字化的工作方法，在实际工作中要避免"大概""可能"等表述。现象、印象要数字化，从数据中找原因；意见、对策也要数字化，而且改善对策、管理标准也应数字化。

（3）具体化

具体化，最典型的就是5W3H方法：

① When：什么时间，为什么在这个时间，有更合适的时间吗？

② Where：在哪里，为什么在这里，有更合适的地点吗？

③ What：什么事，为什么做这个事，有更合适的事情吗？

④ Who：谁来做，为什么是这个人，有更合适的人吗？

⑤ Why：什么原因，为什么是这个原因，有没有其他的因素？

⑥ How：怎么做，为什么采用这个方法，有没有更好的方法？

⑦ How many：多少数量，这个数据准确吗，有没有更合理的数据？

⑧ How much：多少钱，价值是多少，这个成本/价值准确吗，有没有更合理的？

将事件细化到具体的事儿，责任落实到具体的负责人，这样才可保证工作的效果。最为典型的就是我们制订改善对策时，必须要确定对策的实施时间、地点、谁来做、做什么、用什么方法做、投入多少成本以及是否有合理的数据、对于改善目标有什么样的效果，这样才能预估对策的效果。

在运用5W3H方法时，每个元素我们都需要展开质疑，确定其是否为最合适的答案，这样才可以让工作的推进更合理，减少出错的概率。

3. 报告、联络、商量

报告、联络、商量是作为管理者最基本的沟通方法与工具，也是最基本的问题管理手段。

首先，我们应该知道为什么要报告。一个人既然被委任了工作就有报告的义务，因为事情的结果最终责任在于委任工作的人，委任工作的人将工作委任给被委托人之后，心里会感到不安。所以我们在理解这个心情以后，可以通过报告来结束委任的工作，即不论事情大小都要通过报告来结束，如图4-2所示。

其次，我们还要知道如何进行报告。仅仅报告结果还不够，我们还要认真仔细地进行中间过程的报告。那要对什么进行中间过程报告呢？我们可以根据时间、状态、碰到的难度进行报告。进行报告的时候要主动，不要等到委托人催促了才进行报告。否则，会给委托人留下不好的印象，甚至他心里会质疑你是否适合这个工作。所以，要主

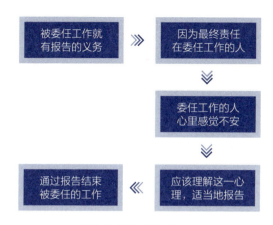

图4-2　报告的作用

动考虑什么时候、什么状态去报告，如何报告。报告的时候，要了解报告的优先原则，通常来说有下述原则，具体为：先说结果，后说重要过程；目前的状况，目前的问题点；你准备怎么做，你希望领导给什么样的建议。通常来说，报告时按上述原则，基本可以覆盖到方方面面。此外，报告的时候，不仅要口头报告，还要书面报告。书面报告前，先进行口头报告，首先报告上级想了解的事项。报告的时候，除了书面的方法，还有要点化的方法、要素化的方法、模型化的方法、数字化的方法，必要时辅助实物。报告过程中，一定要学会利用数字、图表、实物直观的特性，一定要简明扼要，结论在前，说明在后，具体表现如图4-3所示。

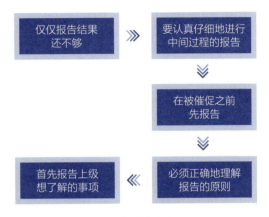

图 4-3　报告的方法

对于联络，其原则与报告相同，重点在于事情进行前要提前发信息。信息发出时尽量采用书面方式，以免出现遗漏，导致事情结果偏差。

商量，顾名思义就是与相关人员进行商谈、沟通。其实就是在事情进行过程中，如果出现困惑或有不清楚的情况，就需要即时与对方进行商量。当其他人来找我们商量时，我们需要抱有商量对双方都是受益的心态。同时，当我们与他人商量时，首先要做好准备，要想好商量过程中可能出现的问题，自己有什么建议、对策，不能只带着问题就去。商量就是讨教智慧，所以我们要带着谦卑的心态去找他人商量。

报告、联络、商量是基本的管理工具，所有管理者都需要学会并经常使用这些管理工具。

4. 五现主义

"五现"是日本久保田集团一个著名的理念，是久保田管理方面的最高理念。其含义是现场、现物、现实、原理、原则。现场、现物、现实代表什么呢？从字面上我们可以看出，就是要深入现场，实地调查，才可掌握实物、实况，而且要直面现实，坦然面对问题，正确对待问题，求真务实、勇于面对现实，不掩耳盗铃。

原理其实就是从调查出来的情况里，透过发展规律与处理原则进行问题分析。所谓原理，是指遵循科学的规律、内在的逻辑关系和因果关系，溯本求源，发现问题的本质和源头，从源头上消除问题产生的原因。这就要求班组长要掌握工艺技术、产品技术和管理技术，充分运用三大技术分析问题的成因。所谓原则，是指做事情讲原则、讲方法，在一定原则和行为准则的指导下开展工作，分析和解决问题。

总体来说，**五现主义就是从实地出发，调查问题，分析问题，解决问题的思维方法。**

在应用五现主义时，很多人都会走入误区，就是认为这只适用于制造现场，其实并不是。这里的现场是指事件发生的地方、做事的地方，所以既可以是制造现场，也可以是办公室、实验室，还可以是客户的现场，甚至商场、饭店。所以，这里的现场，是广义的现场概念，而不是制造现场。1958年，丰田汽车第一次出口美国，由于当时日本处于经济恢复期，并没有高速公路，而美国的高速公路已经非常发达了，所以丰田的车关于高速公路试验不足，导致当汽车销售到美国时出现车祸。最终，当时售卖到美国的三万多辆车全部召回，丰田高层对事故原因进行彻底检讨时，发现根本的原因是忽略了丰田创始人丰田佐吉一直秉承的现场、现物原则。他们当初决定进入美国市场的时候，并没详细针对美国市场进行调查，也没有对美国人开车的习惯进行分析。后来，他们决定在美国招募50个大学生和50个家庭，对美国人开车状况进行为期一年的贴身调查。当丰田再次向美国出口汽车时，就快速占领了美国市场。

5. 改善无止境

2018年，广州南沙丰田公司人均提案量达一年14个，整个丰田公司的提案量是一年12个。丰田公司全球一共有50万人，其提案的数量如此庞大，而这种提案的数量，并不是一年这样，而是年年都这样且提案转换率在90%以上，并没有因为时间推移而使这项活动名存实亡。我们现在看到很多的改善，如同步台车、单手贴标签、螺栓防错装置等都来源于此。

举这个案例，就是要告诉大家，改善无止境，意识改善决定业务改善。丰田公司数十年如一日地不断推进，才取得了巨大的效益。但在改善的过程中，我们时常会进入一个误区，就是想要做大事，对小改善积极性不高甚至不愿去推动。其实小改善也能产生大效益，量变的积累会产生质变。当所有人都在想如何改善，如何让今天的效果比昨天更好的时候，产生的效益是不可估量的。

丰田公司的持续改善其实可以分成两个层面，一个就是我们说的自下而上的创意，即上面提到的小提案的改善活动；还有一种是自上而下的自主改善活动。改善，不能完全采用精英模式进行，更需要采用全员模式。改善活动的推进最需要的是什么呢？是氛围。全员改善就是营造一种全员都在改善的氛围，通过改善活动的推进，能不断搅动企业这一盆水，让水充满活力，保证企业的敏捷性。

日本经济学家藤本隆宏将丰田模式的强大分成三个等级：

初级是库存少；中级是流程系统明确化，高级是丰田所有人都像上了瘾一样找问题，解决问题，改善现有状况。

也就是说，丰田的人不仅将改善当成本职工作来做，甚至超越了本职工作，而很多企业却认为改善是额外的工作，是负担，所以慢慢就做不好了。

企业进行改善，有几条原则需要记住：

① 有 50% 的把握就可以做了，不可能有 100% 把握成功的。

② 做改善，不能有怕麻烦、现在这样就挺好的想法，改善就是要动起来。

③ 改善无大小，改善的重点是积少成多。

④ 只有改善才能提升绩效，而日常管理只能维持你的指标。

⑤ 改善，不是在会议中讨论，而是要到现场去，到事件发生的地方去。

⑥ 5Why 分析法很重要。

6. 行动、速度与耐力

读万卷书不如行万里路，只有行动起来，才能有所感悟，同时只有行动才会有结果，否则就是空谈。我们不仅要多行动，而且行动还需要有速度，快速行动，发现问题立即改善。速度，代表什么？代表我们对于外界事物变化的反应能力。

在行动过程中，切忌三分钟热度，大多数的工作是需要耐力积累的，只有足够的耐力与坚持才可能成功。我们在看所有成功人士的书时，其实从字里行间也可以发现，他们都是拥有足够的耐心，不断试错改善，直至成功。

二、七大工作方法

1. 高效率工作方法

对于高效率工作，我们必须有明确的目的与目标，做每一件事必须要清楚地知道自己要解决的问题或达到的目标。当然，目的与目标是有差异的，目标只是目的一种体现形式，所以我们还需要了解目标状态。目标状态才能体现出目的，才能体现出挑战。当清楚目标后，才去考虑运用什么样的思路与方法去解决问题。PDCA或者DMAIC

（指定义Define、测量Measure、分析Analyze、改进Improve、控制Control五个过程构成的改进方法）是管理流程中较为典型的遵循持续改善、不断上升原则的重要工具。

高效率工作，不是单打独斗，所以需要有自己的团队。团队的组建，重点在于取长补短，分工明确，职责分明，确定工作推进机制，奖优罚劣。组建完团队就开始，运用现代管理的工具，如分层法、检查表、简易图表、柏拉图对现状进行识别。分层法有助于我们将问题按不同的维度进行分类，如时间、地点、性别、熟练度、问题部位等，而柏拉图可以有助于我们计算各层别项目占整体项目的百分数，找到关键的问题项目，为后面做问题分析提供载体。对于问题分析，则可以采用我们经常运用逻辑思考的工具，如5Why分析法、特性要因图、关联图、系统图等，也可采用因果矩阵图等进行。当我们在分析相关因素时，还需要以现场、现物的原则进行验证，不能完全依靠自己的经验直接判断。找到真正问题，才能制订改善计划。具体计划的制订需要运用5W3H，明确时间地点，责任到人，使计划更具有操作性，具体表现如图4-4所示。

以上步骤，其实都是策划阶段，主要体现为思路与管理方法的运用，接下来就是实施阶段。实施阶段，最重要的是资源的运用能力，即协调各方的人员、物资、时间，使项目可以快速地推进。在项目实施的阶段，重要的是要时刻对比调整，避免整个事件偏离目标。所以我们要了解以下几个问题：

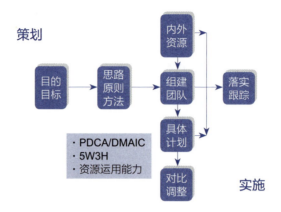

图 4-4　高效率工作方法

① 我们的目标状态是什么？（挑战）

② 实际情况如何？

③ 实现目标的障碍是什么？你目前要解决的障碍是哪个？（是障碍而不是问题，扫除障碍）

④ 下一步的计划是什么？（PDCA 循环）

⑤ 什么时候能够到现场去观察已经实施的改善？

2. 团队式工作方法

团队式工作方法的重点在于，学会利用部门职能，注重整体绩效的发挥。团队式工作方法并不一定要组建真正的团队，也可以虚拟团队，关键点是要时刻营造团队的氛围。

如何运用团队式工作方法，其实在高效率工作方法里就谈到了。其重点是要全员参与，让参与的人各司其职，相互监督，明确质量要求与时间，运用科学的方法，发挥团队智慧，追求集体进步。

3. 项目式工作方法

项目式工作方法，是围绕时限目标，以项目管理方式推进业务改善的一种高效率工作方法。根据重要业务的涉及领域，组建临时性虚拟团队，以项目管理方式推进业务改善，最大限度地发挥部门职能和时间效率。

项目式工作的优点在于，目标感非常强。项目式工作，以规定时限内需要达到的目标为导向，也就是以结果为导向来推进工作。这样可以使项目组成员具有更高的责任感，同时项目工作通常采用矩阵结构的职能，对于跨部门的工作也容易协调，工作效率就可能倍增。丰田普锐斯汽车所采用的方法，就是典型的项目式工作方法，而且他们还做了改良。由于车型的开发涉及多个部门众多的人员，所以他们成立了作战室，并且所有参与项目的成员每周都要在一起工作2～3天，丰田称这个方式为"大部屋"工作方式。以"大部屋"方式工作时，目标明确，人员在一起做项目，遇到问题马上讨论，同时在看板上也能明确看到项目进度（可视化管理），这些改善措施使普锐斯汽车上市时间提前了很多。

4. 模板式工作方法

模板式工作方法是一种创造时间、自我解放的方法。

所谓模板就是标准化的工作模式。其实我们在日常工作中也可以看到各种标准化的内容，总体概括起来，主要有三种：

（1）流程标准化

流程标准化就是我们平常所运用的流程制度，特别是事务流程的标准化，如采购流程。在流程标准化中，可以明确具体的输入信息、每个步骤的关键点是什么、输出什么内容标准、哪个节点需要什么人负责等，这样能让刚入门的人员或不熟悉业务的人员一目了然。

（2）设计标准化

大家对设计标准化可能接触的比较少，但其作用却是巨大的。比如，两家公司都有300个型号的成品，一家公司因为设计的标准化工作做得非常好，型号间的通用性非常强，其零件的通用率达到70%；而另一家公司开发一个产品一个样，通用率不到20%。这样对比一下，可以看出两者之间的巨大成本差异。

（3）作业标准化

作业标准化非常容易理解，我们各个岗位，特别是生产岗位，都会让各生产员工按标准化作业。作业标准化一般都会规定作业顺序与作业要点、作业条件、失败事例、管理项目、工装夹具以及相关附属文件等。标准一样，员工的学习难度就降低了，更容易学会。管理者在检查时一眼就可以看出问题，因为标准是一样的，只需要看员工是否按标准作业即可，更利于标准化作业。

管理过程中未实现标准化，会极大地加大管理的难度，也会增加人员训练的难度，无法快速训练员工，同时也无法快速判断问题的好坏。在工作业务中，对于具有挑战性的工作，或者从来没有发生过的并且需要第一次做的事情，作为管理者要第一个去尝试。只有自己做过了，才知道关键点在哪里，才知道建立的标准化内容是否有效，才能更具有可实行性。因此，我们需要将所做的事情标准化，然后再按标准化作业，在过程中对变化点进行管理，接着改善及优化。

这是一个循环改善的过程，遵循PDCA循环，不断优化。所谓作业标准化，就是将所做的各项事件标准化，规范基本的过程。进行作业标准化的过程，需要关注三个关键点：

① 安全性，要考虑这个步骤的要点是否会影响作业者的安全，如何操作才可以避免危险因素。

② 品质，品质关系到成败，也就是要关注品质要求是否达标，需要如何操作，做好哪些要点才可以达标。

③ 有没有更合适的方法，也就是这个动作能否更方便，更简单，是否可以改善。

各项事件标准化完成后，就要按标准化作业。这一步看起来很容易，但往往却是最难的，为什么呢？举个例子，很多工厂都有设备点检标准，我们可以问问，大家能不能100%执行。我想，大家得到的答案应该是"差不多，基本上"。但标准是没有"差不多"的，是就是，不是就不是，否则只能说我们没有做到100%按标准执行。

丰田系的公司，现场的管理干部都喜欢做一件事情，就是"定点观察"。定点观察，其实就是之前丰田生产方式创始人大野耐一用来训练干部的一种方法。大野耐一喜欢到现场看问题，当他发现问题的时候，他就会把现场的干部拉到他所站的地方，让干部自己站在那里看。如果没有发现问题，就不能离开，所以这个方法又叫作"大野耐一圈"。这种"定点观察"可以让干部发现员工是否按标准化作业，哪个地方没有按照标准化作业，若发现问题应立刻采取行动进行改善。

变化点管理主要有两种，一种是被动变化点管理，一种是主动变化点管理。所谓被动变化点管理，就是问题发生后（如发生质量不良的问题），各标准产生变化了才进行管理。主动变化点管理，就是问题还未出现，公司就开始主动进行管理。比如，新员工上岗，这是变化点管理，部门对于新员工上岗进行可视化管理、专门培训、巡回关注等，这就是主动变化点管理。对于变化点管理，有人员（Man）变化点，设备（Machine）变化点（搬迁、重大故障修复等），材料（Material）变化点（换材料、换供应商等），方法（Method）变化点管理（如参数、条件变化），称为4M变化点管理。目前来说，各大主要汽车厂对于4M变化点管理非常严格，只要发生变化就必须有档案记录。

改善及优化，非常容易理解，其实就是对出现变化的点进行改善优化，让这个变化点减小对流程或标准的影响。改善优化，就是让过程更适合我们的工作，方法更优化。

对于模板式工作方法，在工作过程中，切忌插手下属的工作。管理者，必须明白自己的责任是规划未来、明确目标、协调资源、培养下属，重点是对结果负责。如果管理者插手下属的工作容易让下属产生依赖感，缺乏责任心。因为他知道，有问题上司就会做。所以，管理者一定要教会下属，让下属去做，自己只需跟踪指导。为了让下属能够更多地承接自己的工作，标准化的工作就显得更加重要了。

5. 系统性工作方法

系统性工作方法，强调的是在处理问题时要全方位思考，而不能只局限在事件本身。每件事情都不是孤立的，而是相关联的。所以在调查分析、安排计划时就需要从各方面去考虑。

内容层面：目前所做的事情，对公司或部门的整体目标是否有帮助，是否有助于目标的达成；目前事情处理到何种程度了，还需要做哪些事情才能达成目标。

能力层面：个人或组织能力是否足够完成本次工作，有没有更好的选择；本次工作完成后，个人或组织的能力是否有提升；每次工作结束，是否将工作方法进行了精炼总结。

影响层面：本次工作会对哪些部门或个人有影响，关联哪几个部门，有没有提前布置或联络。牵一发而动全身，每个工作都与其他工作相关联，想清楚会有多少个关联部门。

时间层面：本次工作的影响是短期的还是长期的，短期的影响会有哪些，长期的影响会有哪些，有没有提前做安排并保证使影响往正确方向发展。

效率层面：本次工作的方法是不是最佳的，效率是不是最快的。这次的方法能否找到与以往工作特质相似的点，并进行标准化，以备后续可随时运用。

以上是进行系统性的思考，接下来就是系统性的行动。系统性的行动重点在于，要超越业务内容目标，也就是行动要比目标做得更好，更有效。同样，要做到这点我们还需要从以下几个层面进行：

人员层面：本次业务工作的人员选择是否合适，能否达成目标，是否有更合适的人员。在业务工作过程中，指导工作要如何推进才能更有效果。

支持层面：业务工作的指导思想是什么，运用什么方法开展工作，技能水平要达到哪个层面才可满足需求。

配合层面：工作开展过程中，管理者要配合工作开展，需要协调资源，也要为下属扫清障碍，让他们得到锻炼。

结果层面：事后一定要总结，将每次工作完成的内容标准化，将方法固定化。

6. 培训式工作方法

培训式工作方法指在岗训练（On the Job Training，简称OJT），即让下属在本岗位一边工作一边学习。所以，管理者在培训过程中需要有一颗育人之心，培育他人就是培育未来，培育他人就是解放自己。肯德基有一项不成文的规定，如果要升职，就必须有一个合适的人能够接替你的位置，换言之，就是必须有合格的后备人才来替代你的工作。时刻考虑如何训练部下，让他们掌握更合适的协调方法、技能、技巧、行动实施力。

7. 顾问式工作方法

要了解顾问式工作方法，首先我们得理解什么是顾问。传道、授业、解惑，顾问在很多时候就是老师的角色，在现代企业管理中体现更多的就是教练角色。教练是干什么的，教你，激励你，发现你的特长，弥补你的短板，加速结果的达成。

顾问式工作，第一步就是要厘清目标。其实，这与之前在高效率工作方法中所谈的一样。做任何事情，必须先搞清楚，自己要到哪里去，什么时候到，目前状态能不能到。

第二步就是反映工作状态。根据员工提出的目标，以提问的方式让员工知道自己目前的工作状态，对比当下，发现目前的状态是否利于目标的实现。

第三步就是引导计划。引导式而不是控制式，不是要求做什么，而是要激发部下，引导他们自己思考，学会自己找到解决方案。在这个过程中，管理者要做的就是，与员工探讨如何消除差距、困难和阻力，引导员工自己制订计划，分阶段、分步骤地推进工作。

最后，就是支持行动。支持行动就是要为部下扫除障碍，协调资源，而且要让员工感受到上级的鼎力支持。

带着思考开展工作，不断进行思辨性的总结和模型化的表达，通过智慧型的运用，与管理实践互动，实现创造性的提升。

> 高效率工作方法是每个管理者游刃有余工作的重要武器。
>
> 管理是同步工程，工作时要虚实结合、兼顾近期和中长期目标。
>
> 不但要做务实交流，而且要做务虚交流。
>
> 不但要关注业务，而且要关注思想。
>
> 不但要专注于内容，而且要专注于方法。
>
> 不但要完成任务，而且要提高能力。
>
> 不但要关注业绩提升，而且要关注人才培养。
>
> 总之，高效率工作要做到以下几点：
>
> 思考型实践：工作要先思考后行动，边思考边行动。
>
> 思辨型总结：工作完成后要总结，总结成败与得失，先从不足之处入手，也要清楚自身的长处。

模型化表达：模板应标准，表达要精炼，要点得清晰，报告说结果，原因通逻辑。

智慧型运用："橘生淮南则为橘，生于淮北则为枳。"不同的环境，不同的地点，不同的情境，采用同样的方法得到的结果是不一样的，应根据不同情况做不同调整。

互动式提升：工作不是单打独斗，当你心怀育人之心培养部下时，自己同样也会得到更多的成长。

第五章

高效班组沟通

　　善于沟通是做好工作的基础条件之一，为了能够有效地沟通，需要不断地去研究人，理解人。良好的沟通是建立在用心的基础上，关心员工、循循善诱、刚柔并济、完善渠道、掌握技巧是班组沟通的五大要点。

　　每个班组长的技能和管理能力都不尽相同，做事的态度和作风也有很大区别，有些班组长敬业、踏实、吃苦耐劳，技术过硬、工作积极；但也有部分班组长缺乏整体观念，小团体意识过强，工作方法简单甚至粗暴，对员工的教育方式大多是批评和指责，管理方式缺乏技巧，需要提高。

　　一线员工可能来自各个地方，甚至大多数人都来自经济不发达的地区，家境并不富裕。他们在一线从事工作繁重的体力活、粗活，所以对待他们的心态要宽容，在该容忍的时候要容忍，当然该严格的时候也要严格。就像有人说的，对待员工要有"兄弟的感情，军人的作风"，用善良的心态、豪放的行事风格与下属进行沟通。

一、班组业绩三要素：态度、技术和方法

在班组的业绩中，有三大要素决定了班组业绩的高低，如图5-1所示。

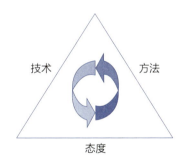

图 5-1 班组业绩三要素

态度就是做事的意愿和动力，即愿不愿做、想不想做。态度是这三个方面的基础，如果不想学、不想做，再好的技术和方法都无法发挥作用。

技术就是会不会做、懂不懂做。技术是做事的保障，只有懂得做、在行，才能从根本上保障业绩的一惯性和持久性。

方法就是如何使效率最高、效果最好，也是把业绩做好的关键，

只有采用好的方法开展工作，才能使业绩效果更好、效率更高、效益更好。

班组长的业绩需要全体员工的共同努力来取得，而有效的沟通则是非常重要的职业技能之一，有效的沟通能使班组成员态度端正、学会技术、掌握方法。

有效开展工作的重要条件之一是沟通，只有有效的沟通才能提高工作效率，其重要性表现在：

① 通过沟通达成一致，协调行动，促进工作顺利开展。

② 通过沟通增加对同事性格、爱好、观点等的了解，提高人员管理的针对性。

③ 通过沟通协调同事之间的是非观念、行为准则，降低班组管理的沟通成本。

④ 通过沟通增进同事之间的情感交流，提高班组凝聚力。

⑤ 通过沟通来争取各个部门对本班组工作的支持。

二、沟通的三个目的

想要当好班组长、当好干部，首先就要学会说话，我们常说"干活干得好的，不一定能够当干部"。我们的班组长或干部都需要借助别人的力量来达成工作业绩或者目标，协调其他资源做成需要做的事情，而这都需要借助与人沟通。然而，有许多班组长都是靠技术从基层升上来的，不太会说话，甚至有些说话比较直或脾气暴躁的班组长或基层干部，容易开口伤人，这样就很难更好地协调员工来做事，所以班组长的沟通能力非常重要。

我们的沟通可以分为三个层次，也可以说是沟通的三个目的，分别是：

① 信息交流，意见交换。例如，几个同事在聊天，甲说："你们今晚想吃什么呢？"乙回答："我今晚想吃面。"丙说："我今晚想吃牛肉面。"这就是相互之间做信息交换。

② 探讨解决之道，寻求一致。例如，还是这三个同事，甲说："想吃什么面呢？"乙就商量说："要不我们一起去吃牛肉面吧。"丙表示同意。这就是相互之间寻求意见一致的解决办法。

③ 协调行动，追求目标。例如，还是他们几个人，丙提出："要不以后我们都一起到甲的家里自己做吧，这样更健康。"甲和乙都表示同意。

三、三环节沟通法

成功的沟通主要体现在能够达成共识，从而解决问题。沟通是双方互动的行为，是相互了解，相互回应，并且能经由沟通的行为来达成共识，这是沟通的最终目的。要达成共识，在沟通时要注意三点：表达、倾听、反馈，如图5-2所示。

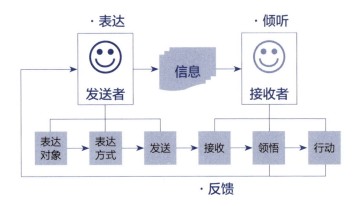

图 5-2　沟通的三个环节

　　在沟通当中，首先要弄清楚你要向谁沟通、要沟通的目的和沟通的内容，然后选择最适合的表达方式。向谁表达是指你所要表达的对象，他的身份是什么，与你的关系是怎样的，比如，对方是你的下属员工，是一线的操作人员，还是你的领导？对于不同的沟通对象，所沟通的内容都要与对方在同一个角度上。

　　比如，当你沟通的对象是你的下属员工，是一线的操作人员，他关注更多的是他是否能完成自己的日常事务性的工作，是否有要干的活，或者能挣多少钱。但如果是你的领导，他可能更关注在生产中的变化点，是否有生产的异常问题，或者是否满足生产计划。这就要求我们要时常换位思考，站在对方立场上，从对方利益出发，找出对方的兴趣点，从而决定自己表达内容的方向与侧重点，也就是刚才提到的表达什么，要表达的内容必须专业化。在选择表达方式时，要根据时机与场合来决定，无论是正式场合的PPT演讲还是面对面的口头交流，都需要规范有逻辑，表述清晰得当。

其次是倾听。倾听的作用很关键，对一线员工来说，认真倾听能够准确了解对方，发现对方在实际生产操作中是否有什么难点，或工作是否有压力，情绪是否积极。了解员工状态，也利于了解生产线状况。另外，认真倾听的态度也会激发对方的谈话欲望，获得对方的信任。同时在倾听时，要做到尽快理解对方的想法，并迅速思考应对的方法。

最后是反馈。如果通过表达和倾听后，没有积极有效的反馈，就相当于只沟不通。在班组交流中我们经常遇到反馈障碍，比如，不积极反馈、反驳代替反馈等，这就给我们班组的协调工作带来很大的麻烦。在这种情况下，班组长就应该引导员工说出自己的想法，从中找出引导对方的关键点。与员工内部沟通时，班组长也应该鼓励新员工多对问题进行思考和反馈，而不是一味地接受命令或领取任务。

表达、倾听、反馈是在沟通中达成共识的三个主要环节，当然，沟通还有很多技巧，比如，沟通的情绪、语言的艺术等。对于班组内部沟通，达成共识不只是要统一目标，顺利完成生产任务，更要能真正替员工着想解决问题。

四、成功沟通的步骤

在了解了沟通的三个主要环节之后，接下来从沟通的步骤看成功的沟通是怎样的。沟通的步骤主要分别为：说、听、理解、反馈、行动、执行六个部分，如图5-3所示。

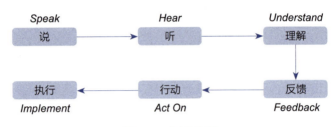

图 5-3　成功的沟通

在成功的沟通当中，要格外注意"说"和"听"这两个步骤，沟通的两个人，要在同一个频道上，才能顺利地沟通。在对方说了之后，又如何知道听的人是否理解呢，这就需要及时的反馈，就像常说的，及时的反馈在工作中是基本的礼貌，给予及时的反馈，这样说的人才知道，对方是否真正地理解到位了。当听的人真正理解了之后，沟通才能达成一致，然后采取相应的行动，真正地执行落实，最后看执行的结果。即成功的沟通可以总结为：双向沟通，达成共识，采取行动，执行目标。

当然在很多时候，我们的沟通不一定能够直接达成目的，但是能和沟通的对象达成共识。比如，班组长要与小组长和员工沟通，安排员工临时生产任务，需要提高效率，甚至在夜间加班增产，倘若你想要员工一天做两天的产量，这个自然不可能，但是如果你能够了解员工的真实想法，了解员工对于加班是否有积极的情绪，是否愿意，了解他在夜间的生产能力如何，一晚上能做多少产量，加班几个小时能完成临时的生产任务，然后合理地去协调员工，安排生产，这也是一种成功的沟通。

五、活用多种沟通手段全方位沟通

在日常工作中，常规的沟通渠道有面谈会议、电话、传真、短信、电子邮件等，相应的沟通的形式也有个别交流、书面联络、书面报告、招呼寒暄、第三者协调等。我们因人、因时、因事来选择善用。

除此之外，在班组的沟通当中，班长是现场干部，千兵一将，要充分了解员工的个人情况、生活期望，动态把握员工的个人状态，考虑不同员工的不同特点，有效地进行人员的管理和生产工作安排。

大多企业都是劳动密集型生产，员工多，年轻人多，流动性高、新老交替快，技能参差不齐，班组对每个人的管理很难一步到位，所以班组长更应该建立完善的沟通渠道，保持群体沟通，同时还要发挥组长和骨干的作用，做好个别沟通。

1. 开好班会

建立完善的班组沟通渠道，首先要充分利用好班会，做好群体沟通，建立严肃、紧张、团结、活泼的工作气氛，做到有令即行、有禁即止。

2. 召开务虚交流会

每个月至少召开1～2次务虚交流会，总结班组工作，交流一线工作经验，扶正压邪，奖优罚劣，听取员工的意见，完善班组管理，培养严守纪律、真诚开放、优势互补、共同成长的班组风气。

3. 举行班组活动

不定期地举行聚餐、茶话会、郊游、旅游等积极向上的班组活动，使大家有一个在工作之后的交流机会，在轻松的气氛中增进大家的情感和交流，用另一种方式化解矛盾，消除隔阂。

4. 进行个别交流

保持对员工个体的关注，因时、因人、因事与员工进行个别交流、指导，这是班组沟通的重要方式。在个别沟通时要尊重员工的隐私，尊重员工的人格，充分考虑对方的感受，给予员工充分表达的机会，形成双向交流、对等互动。

六、争取员工支持的班组沟通要点

1. 了解需求

在班组管理中，班组长要掌握一些要点，首先就是要懂得面向未来、着手现在。其中有六个要点：共创愿景、以身作则、用人所长、激励人心、赋予能力、重在培养。要在班组管理中打造班组凝聚力，就需要了解员工的需求，留人留心。

有些需求应该满足也可以满足，有些需求应该引导也可以引导，有些需求应该激发也可以激发。做班组长或干部的要能够分辨哪些需求是合理的，哪些是不合理的，哪些是可能实现的，而哪些是不可能实现的。

例如，"打几年工，攒笔钱回家"的想法在员工中具有普遍性。

俗话说，"东家不打打西家"，一线员工管理只靠压是压不住的，班组长要重视思想工作，充分沟通交流。例如，员工在工作中出了差错，如果班组长认为是员工的疏忽影响了自己的业绩，就会想如何惩罚他；但如果班组长认为员工不是故意的，他也想把事情做好，只是有某些地方做得不当，就会和他一起分析原因，帮助他改进。所以说，良好的沟通对留住员工的心和提高班组凝聚力非常重要。

2. 适当激励

要争取员工的支持，适当的激励也是必要手段。精神激励与物质激励应该并举，各种激励方式要灵活采用、相辅相成。

激励是以能够满足个体的某些需求为条件，从内心激发员工上进的愿望和动力，调动员工的积极性和主观能动性，使员工产生积极向上的思想和行为。激励是个体和环境相互作用的结果，其期望模型如图5-4所示。

班组激励的最主要作用就是通过激发动机，调动班组员工工作的积极性和创造性，使其自愿为实现组织目标而努力。班组激励的核心作用是调动班组人员的积极性。激励要公平公正，要及时，要多样化，要能够持续进行，这是班组激励的四大原则。

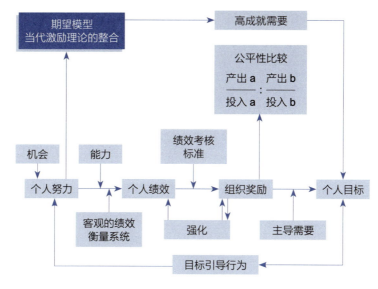

图 5-4　激励期望模型

（1）公平公正

对人对事公平公正是班组激励的基本原则。只有这样，员工才会觉得努力工作是有意义的，才会因循正道、弘扬正气。

只有公平公正才有公信力。评选先进员工时不记仇，处罚员工时不认情。要做公正班组长，以德服人才能使员工心服口服。

（2）及时激励

班组长要注意发现员工以前没有过的值得称赞的工作或行动。当这种出色的表现被及时给予肯定时，员工就会坚持下去，并且努力做出更好的成绩，尤其当员工本人尚未察觉自己的突出表现，而上级给予及时的表扬时，激励效果更为理想。"这件事干得漂亮！"恰如其分的一句话，就能使员工深受鼓舞、干劲十足。

（3）形式多样

一句肯定的话语，一个会心的微笑，一个称号，一个手势，都可能给人激励，给人力量。比如，班组长可用"才子""秀才""涂装专家"等名副其实的非正式荣誉，显示对下属的赞许和肯定，或是用简单的一句"这事你拿主意"，显示对下属充分的信任和授权。

激励的形式多种多样，任何一种形式都不能简单地替代另一种形式。

（4）持续激励

激励可以随时随地进行，不要想到了才激励，没有想到就不激励。和沟通一样，激励不是一种独立于工作之外的工作，而是一种工作方式，激励的机会存在于工作的每一个时刻、每一个方面，所以要把激励当作是一种工作方式，融入具体的业务之中。

3. 欣赏和赞美

我们都喜欢被人认可，被人表扬，所以我们平时可以多赞美、多表扬别人，比如，夸别人工作努力、工作认真等。当然也不能毫无原则地去赞美，如果不真诚地去赞美反而会让人反感。

对于员工好的行为，管理者要及时加以赞扬，一句表扬的话，往往能使下属感受到上级的肯定和认可，在内心十分感激的同时，还能激发出持续保持的动力。赞美是成本最低，效果却最好的激励。下属做得好的时候班组长不要吝啬自己的赞美。

4. 刚柔并济，适"度"把握

班组长跟员工说话，首先要学会关心员工，循循善诱。跟员工沟通时只来硬的不行，只来软的也不行，要学会刚柔并济，需要为下属把脉，要掌握下属的性格，分析下属的心理，再有针对性地进行工作分配、指导和监督。

指导一线员工不要讲大道理，要根据他的性格、技能和接受能力来调整方法。

不少班组长在管理手法上过于简单，多采用罚款、责骂等惩罚手段，将管理理解为"强权政治"。

其实，班组长的领导力来源于他的个人魅力和职务权力，优秀的领导知道如何调动下属的积极性，知道将人性化管理和强制性管理艺术结合起来，让员工发自内心地为班组服务，真心实意地按照企业要求来开展工作。

管理既要人性化，有时也要有一点强制性。比如，有的员工结婚后不想干了，我们要对他做思想工作，请他留下来，因为企业会有他婚后致富的平台、事业的舞台。如果设备坏了，为了保证生产需要，就要责令相关人员在短时内修好。强制性管理也要合情合理，不能太频繁，否则会事倍功半。

5. 坚守底线，预防冲突

就算是批评人也要讲究方法，也要给人机会，不能一张嘴就是"你不干就回去"。对于后进的员工，我们提倡推一把、拉一把，不可说脏话，指出错误时不能有身体接触。这些都是我们在班组沟通中批评下属时要坚守的底线。

七、争取上级支持的跨级别沟通要点

班组长要在自主工作的基础上听取上级的意见，争取上级的支持，充分发挥上级的资源杠杆作用，使企业资源更好地为班组管理所用。这就要求班组长要善于和上级沟通。

1. "乖"与"不乖"

向上沟通，就是在和领导打交道。这里需要思考两个问题：第一，领导交办的事情要不要全力以赴呢？尤其是当你觉得领导说的这件事情有一点不正确时；第二，如何对领导交办的事情负责呢？

这里就会涉及两个词："乖"与"不乖"。

乖，就是指领导交办我们的任务，首先要从态度上彻底地接受。心里接受了之后，还要马上从嘴巴上说出来："好的，没问题，马上去办"。要给予领导及时的反馈，然后在行动上也要有所表现，立即执行，最后再看结果能否达到领导的要求。

不乖，就是指不要一味地答应领导的条件，有时候也要有自己的想法，毕竟领导说的每一件事不一定都是正确的。只是领导犯错的概率可能会更小一些，因为领导有更丰富的知识和更全面的信息，考虑问题的角度可能也会更深入，会考虑到你可能没考虑的地方。

所以我们可以先"乖"，接受领导安排的任务和工作，然后我们再"不乖"。在领导的安排过程中，如果你认为有不恰当的地方，我们可以再找机会表达出你的想法，去表现自己。但是在这个过程中我们一定要把握好方式，不要顶撞领导，更不要当众拒绝领导的安排和任务。

如果你觉得自己的想法还未成熟，那么也可以跟领导说，表明自己还需要再考虑一下或者稍后给出建议。我们说事缓则圆，如果急于一时地去说服上司，反而会适得其反，徒劳无功。在工作上有冲突，这很正常，但是我们要避免将这种工作上的冲突变为感情上的冲突。在我们"不乖"时，最好在私底下给领导提建议，以建议的方式与领导沟通，同时还要考虑到上司的面子和情绪。

2. 沟通要点

在"不乖"的时候，我们要理解"不在其位，不谋其政"的意思。我们的领导坐在那个位置，主要工作就是做决断，而我们作为下属也有给其做参谋的义务。我们能够主动地找领导做参谋，给予其建议，领导也是很欢迎的，因为领导也想了解下属的想法，领导也很喜欢有想法的下属。此外，我们主动找领导提建议，还能获得领导的好感。但是对于自己的想法，一定要经过成熟的思考、充分的考虑。这个想法要怎么去做？怎么去落实？一定要有可行性，而不是一闪而过的灵感。这就需要我们在和上级沟通的时候把握一些要点。

（1）站高一步看问题

有的班组长怕承担责任，不管任何事情都只是简单地听从质检员和调度的安排，没有自己的主见，执行有余，思考不足。然而，在班组管理过程中，全局观非常重要，所谓全局观，就是站在全局的角度考虑问题，以企业利益和整体利益为第一，企业利益是部门利益和个人利益的前提和基础。

要建立全局观，就要学会站高一步看问题，站在上级主管的角度，甚至是站在总经理的角度思考问题。有些事情自己看得很大，在上级看来是小事一桩；有些看来非常着急的事情，在上级看来就无关紧要。

班组长只要站高一步看问题，就能提升思维层面，更深入地理解上级的意图和关注点，从而更好地指导班组工作，促进部门整体目标的实现。

（2）面向未来，用发展的眼光看问题

与上级沟通，不但要建立全局观，还要有前瞻性思维。

所谓前瞻性思维，是指对人对事不要只看眼前，更要面向未来，用发展的眼光看问题。有些现在看起来非常重要的事情，从长远来看却是小事一桩；有些现在看起来不可逾越的困难，从长远来看只是一个过程而已，终将成为过眼云烟。

有了全局观和前瞻性思维，我们就能确定自己该坚持什么、该放弃什么、该追求什么、该忽视什么，是非利弊、主次高低、轻重缓急，心中自有答案。

（3）带着自己的意见进行沟通

在全局观和前瞻性思维的指导下，凡事都有自己的考虑，并带着自己的意见和上级沟通，虚心听取上级的建议，很能印证自己考虑的角度是否正确，高度是否到位，是否有前瞻性，逐步提高自己的思维层次和思维能力。

（4）消除畏惧心理

有人来商量事情，领导一般都会很高兴的。所以，班组长要消除畏惧上级的心态，大胆与上级沟通，主动与上级交流，养成"报告、

联络、商量"的沟通习惯。

沟通源于心态，沟通源于心灵，将欲取之，必先予之，换位思考，才能打动别人，获取支持。

3. 用心感悟

当我们与领导共事时，要用心感悟。做正确的事情，优先于正确地做事。如果我们用正确的方法，努力做了一件错误的事情，这对我们来说也是一个减分的事。

渐学渐行，渐行渐悟。当我们与领导沟通或向领导作报告时，我们都要拿捏好分寸，要把握好领导的意图，领导对我们的期望，也是我们工作的基本底线，我们要努力缩小工作成果和领导期望之间的差距。换位思考，提升思维，这也是我们如何领悟领导心里在想什么的技巧。

上级给了指令，我们要做问题的终结者，那么如何终结问题呢？首先，对于自己能够解决的问题要全力以赴。其次，对于上司交代的问题和工作，我们要带着主人翁的责任感，从务虚到务实，自主思考；我们要活用智慧，要有军师参谋的角色意识；同时我们还要懂得活用资源，争取足够的资源来支持我们达到目标，解决问题，最后，我们要重视过程的管理，在解决问题的过程中随机应变。而对于那些我们自己不能够解决的问题，要带着主见去请教。在请教之前，我们要明确自己的思路和初步的方案，列出自己没有把握的地方，说出期待领导指导的地方，提出期待领导支持的地方，坦诚地听取领导的建议，并表明坚定执行的决心。

八、争取外部支持的跨部门沟通要点

班组长应正确认识职能分工与配合的关系，既要善于调动跨级别的力量，也要善于调动其他职能部门，为工作服务。

集聚下属的力量进行班组目标管理，这只是班组长工作的一个方面，除此之外，班组长还要善于调动质量、设备、工艺、物料等相关职能部门的力量，为班组工作服务，发挥资源的杠杆效应，同时充分利用上级的力量调动企业资源，往往能取到事半功倍的效果。

每个部门都有自己的专业分工，这是企业职能分配的结果，目的是通过工作专业化提高运作的质量和效率，各个部门之间是一种分工合作、相互支持的关系，所以每一个部门都有责任和义务去支持别的部门，同时也要善于调动其他职能部门的力量，为本部门的工作和管理服务。

其中，沟通的质量直接影响跨部门合作和支持的效果，班组长不仅要善于做好内部沟通，还要善于利用有效沟通，调动横向资源，使企业资源为班组管理和提高班组业绩所用。

1. 正确认识职能分工与配合

跨部门冲突经常发生在班组长和质检员之间，最常见的情况莫过于出现质量问题时，质检员要求停产整改，班组长则认为质检部门是在为难自己，导致无法完成产量，出于赶产量的迫切需要，坚持继续生产，结果班组长和质检员发生冲突。

班组长要做好横向沟通，首先要正确认识部门之间的工作关系，也就是分工合作、相互支持的关系，是你支持我、我支持你，你为了我、我为了你的合作关系，是水乳交融的工作关系。

当质量和交货有冲突的时候，怎么办？肯定是质量第一，质量为先，因为不满足质量要求的交货并非履约，确保质量，交货才有保证，质量是服务于交货的，质量、数量和交货期是履约必不可少的三大条件。

2. 建立必要的沟通渠道

有的企业对于部门之间的关系定位准确，所以工作配合得非常顺畅。在质量方面质检员是技术权威，他们在涉及质量的相关领域上，甚至可以直接指导员工，班组长必须也乐意服从质检员的指示。

跨部门之间的沟通，应该建立必要的沟通渠道，建立定期沟通机制，务实沟通与务虚沟通要同步进行。例如，生产部门与质量部门每个月召开一次例会，不仅研究技术问题，还要探讨工作当中如何提高跨部门的工作效率，本部门在工作配合中的自我反省，对双方工作配合的期待，工作摩擦，内心抱怨，都可以就事论事、开诚布公地进行交流。

当跨部门沟通问题多时，可以加大沟通的频率，必要时可以请上级参与。

跨部门之间也可以举行茶话会、联谊会、户外交流等活动，同时当本部门聚餐时也可以叫上相关职能部门的代表，以示谢意，通过各种方式促进跨部门同事之间的工作友谊。

3. 化解冲突

跨部门工作难免出现矛盾和冲突，消除矛盾、化解冲突是维持跨部门合作的重要方面，班组长既要明辨是非勇于承担责任，也要坦诚以待提出期望，本着了解事实、依据法律、确认责任、有理有据、维持关系等原则进行处理。

① 了解事实：以事实和前提为依据。

② 依据法律：根据业务流程、公司制度和相关规定、社会常识进行判断。

③ 确认责任：以事实为基础确定双方应该分别承担的责任，不能以一方失误取代另一方应该承担的责任。

④ 有理有据：以整体利益为重，将原则性和灵活性相结合，提高处理效率。

（5）维持关系：善于取舍，勇于承担责任，相互理解、相互谅解，重在解决问题，使跨部门工作配合顺畅、高效进行。

纵观全局，面向未来，处理部门冲突时，班组长要有策略、有方法、有原则、有气度，不要得理不饶人，打倒在地还要踩上一脚。

4. 善用专业优势，软性激励对方

每个职能部门都有自己的专业优势，班组长要善于调动职能资源，为加强班组管理，提升班组业绩服务。

例如，为了加强员工的安全意识，可以主动邀请安全主管或安全员为班组成员上课；为了提高员工的质量意识和质量能力，可以主动邀请质检员讲解产品的质量要求、零缺陷管理理念、现场质量控制要点等。

技术能力是基础，非技术能力是关键，非技术能力又包括：沟通能力、管理能力、协调能力、人际能力、策划能力、概念能力、资源能力等。而决定我们工作高度的是非技术能力。在跨部门的工作和沟通协调中，能让我们的非技术能力上一个台阶。

请外来和尚"念经"，既有利于班组管理，对对方也是一种软性激励，体现了班组对对方的认可和尊重，能巧妙地改善合作关系。

在跨部门沟通当中，既要做好需求把握与动机分析，更要懂得从不同的角度进行换位思考，要有一颗同理心，能够设身处地地为他人着想。

卡尔·罗杰斯说："同理心是感受别人的痛苦和喜悦，站在他人的角度看问题，同时表现出相应的情绪。"同理心就是将心比心，同样的时间、地点、事件，把当事人换成自己，设身处地地去感受理解和体谅他人。

这既是一种感情投资，也是两个部门的两情相悦，能帮他人的时候要尽力帮忙，今天帮了别人，明天别人就会来帮你。这也是我们常说的成人达己、成己达人。

在跨部门的沟通与合作当中，要做好同级间的八大价值定位，即合作共赢、标准清晰、过程检查、事后感恩、了解需求、注重承诺、过程反馈、超越期望。让其他职能部门的同事，成为我们的业绩伙伴，这也是BP（Business Partner，业务伙伴）化工作。

九、活用三级联络体系，提高沟通效率

恰当的联络、全方位的沟通，是班组高效沟通的重要一环。三级联络体系如下图5-5所示。

从图5-5中可以看出两个部门不同层级之间的关系，在图中有两个蓝点，其中一个可以视为自己，另一个则是其他部门同级别中与你对接的人，在高效沟通中，我们鼓励更多地进行这样横向的、直接的沟通。

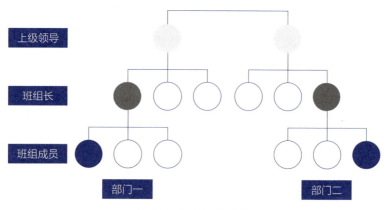

图 5-5　全方位沟通结构

　　我们可以自己回想一下，现在有没有真正地记住其他部门对接人的名字，或者联络方式。在跨部门的沟通中，如果我们总是通过我们的上级领导，找到其他部门的上级领导，再找到相应的对接人，这样的沟通效率是非常低的。所以我们平时在工作中，不只要与自己部门的同事打交道，同时还要与自己业务有关联的部门同事处理好关系。

第六章

员工培养与有效激励

本章摘要

　　培养部下是班组长的重要职责，人的技能有五个层次，教人有三大层面，本节主要介绍了运用四步循环法培养部下的要点，以及岗位培训、专题培训、委职锻炼和业绩辅导四种培养下属的有效途径。

一、在日常工作中培养一线人才

通常班组长有两方面的能力，一个是与IQ（智商）相关的能力，如技术能力、改善工具的知识运用能力；另一个是与EQ（情商）相关的能力，如工作分配、时间管理、资源运用、沟通技巧、培养部下、人际关系、队伍建设等。班组长是通过对部下的管理，来进行目标管理，是通过部下来取得每一项具体工作成果的。"因为有部下的支持与行动才能取得工作成果"，班组长应该牢固地树立这种思想。

班组长要有育人之心，要做到随人、随时、随地地培育。在培训部下的时候，通常是以战代练，但还有一些要点需要牢记：

① 教育部下前先教育自己。

② 教育要从基础开始。

③ 教育应诚心、负责。

④ 教育应强调重点。

⑤ 教育应循序渐进。

⑥ 教育应结合部下的特点。

⑦ 言传还要身教。

⑧ 教育、考核、发展并重。

1. 培养部下的责任

班组长不仅要自己能做好，还要让部下也能做好；不仅要创造好的班组业绩，而且还要培养一支能征善战、作风优良的班组队伍。

（1）管理者的产品是员工的行为

管理者的产品是员工的行为，不良的行为源于不良的管理。

部下的行为犹如一面镜子，反映出班组长的人员管理状况。班组长应该从中看到自己的不足，通过改进自己的方法和行动来改变员工的行为和表现。

当员工表现不好的时候，班组长首先要做的是自我反省：我向他们明确要求过吗？我教会他们了吗？我向他们提供过足够的指导吗？我教他们的方法好吗？为了纠正这种行为，我该怎么改变他们？怎么做到让他们心服口服、心甘情愿？

（2）培养部下是管理者的责任

日本松下电器创始人松下幸之助说："与其说松下电器是生产电器的，不如说松下电器是生产金钱的；与其说松下电器是生产金钱的，不如说松下电器是生产人才的。"

企业的快速发展，需要大量德才兼备的管理人员和员工。企业给大家提供了广阔的职业发展空间，班组长肩负着培养一线员工和骨干的重任。

培养部下是管理者的责任，班组长要有育人之心。

（3）培养部下才能解放自己

随着社会的发展，管理者与员工之间的关系已经不仅仅局限于传统的上下级、命令与服从、相对独立的工作关系了，更是一种业务合作、业绩伙伴、相互学习和共同发展的新型关系。

只有不断地培养部下，让部下分担自己的工作，带着部下往前走，才能使班组长摆脱烦琐的事务，有更多的时间学习和思考关于未来的事情，使班组管理立足当前、面向未来。

（4）不断进行技能转移

在班组管理中，培养部下的工作有相当一部分是进行技能转移。

人的技能有五个层次，见表6-1。我们经常在这五个层次中走入误区：知道了，就认为自己能做到；部分能做到，就认为自己能独立做到；自己能做到，就认为自己能教人做到。

表 6-1　技能的五个层次

层次	状态	说明
第一层次	不知道	知识不足
第二层次	知道，做不到	培训不足
第三层次	知道，部分能做到或某种程度能做到	培训不足
第四层次	知道，能独立、完全做到	有体验
第五层次	知道，能独立、完全做到，还能教人做到	可转移技能

在这五个层次当中，只有上升到第五个层次即可转移技能，人的价值才最大。班组长再厉害，技能再好，水平再高，即使全天不休息，也只有24个小时，但如果把自己的经验和技能转移到部下身上，就可以数十倍地发挥自己的力量。

班组长的可转移技能越多，他的社会价值就越大。这时候，班组长所做的就不仅仅是亲力亲为的事情，更多的是教人的事情、管理的事情了。

有人说：**管理就是让别人做好你想做的事。解放自己的最好方式，就是培养部下。当然，要培养部下首先要自我培养。**

2. 培养部下的能力

培养部下是班组长必备的能力，这是一种能够很好地培训员工，使其胜任工作的能力，具备了这种能力就可以减少工作过程中出现的浪费、失败和返工现象，提高班组运作的绩效，同时还能培养一批骨干，带出一批人才。

（1）用四步循环法提高能力

用四步循环法（图6-1所示的4R模型）教导部下，既能提高工作成效，又能提升自己培养部下的能力。

图 6-1　4R 模型

1）1R——教导（Require）

班组长有培训员工的义务，让员工明确知道工作要求、标准以及如何达到这些标准。明确自己对下属的期望，这是培养部下的第一步。

2）2R——评估（Review）

评估是指评价员工的行为、结果。

3）3R——回报（Reward）

对按照要求工作，达到业务目标的员工给予肯定、认可和鼓励，并说出自己对对方的期待；对违反规定、不符合要求、未达到业务目标的员工进行批评、教育及教导，同时也要说出对对方的期待。

4）4R——维持（Remain）

保持班组及班组成员之间的尊重和信任，创造积极向上的工作氛围，维持团结、合作的工作关系，避免任何破坏工作气氛和团队合作的行为。

如何教导部下做事、如何表扬人、如何批评人，这是班组长应该掌握的工作技能，就像焊接岗位的员工必须会做焊接一样。

"一技傍身，终身受用"，班组长应该像重视作业技能一样重视自身管理技能的学习和提高，不断提高自己培养下属的能力。

（2）提升部下能力的三大层面

教人有三个层面，见表6-2。第一个层面是教人做具体的事情，第二个层面是教人思维方法，第三个层面是教人思想观念。三个层面的境界逐步提升，能力要求也会逐步提高。

表 6-2　教人的三个层面

层面	内容	说明
第一层面	教具体事情	教人具体怎么做，具体的内容、方法
第二层面	教思维方法	教人怎么考虑问题
第三层面	教思想观念	教人思想、价值观念

班组长不仅要懂得如何教部下做事，还要结合思维方法、思想观念对部下进行教导。对于文化程度低、领悟能力不强的员工，以第一层面的教导为主；对于基础好、素质高、上进心强、领悟力强的部下——他们是好苗子，要逐步上升到第二层面和第三层面的教导。

在听取部下、同级和上级意见，接受别人教导的时候，也要从上述三个层面进行理解：对方提出的内容、方法有哪些可取之处；当中蕴含了哪些思考角度、思维方法值得借鉴；有哪些思想观念值得学习。这样才能保持良好的学习心态，发现对方的闪光点，学为己用，不断提高自身的能力和综合素质。

面向未来、用发展的眼光来看班组长对企业的贡献，第一层次在于通过具体业绩为企业创造效益；第二层次是完善一线管理，培养一线人才；第三层次是培养良好风气，建设优秀班组，使班组成为创造财富和生产人才的源泉。

二、培养部下的四种途径

岗位培训、专题培训、委职锻炼和业绩辅导是培养部下的四种途径。

1. 岗位培训

岗位培训又称OJT（On Job Training），是指让员工在本职岗位上掌握必要的技能、方法和技巧，是培养部下最重要也是最基础的方法。

2. 专题培训

专题培训又称OFF-JT（Off Job Training），即脱岗培训，是就某个方面的内容，脱离工作岗位，以专题的形式进行传授，使员工掌握必要的技能、方法和技巧。

专题培训时间短、人员集中、内容精练，是一种高效率的培训方式。班组长应结合培训计划和班组工作的实际需要，选择合适的内容、聘请内部人员或外部专家作为讲师，在计划时间内进行培训。

在班组管理中，班组长应该在旺季的班后时间、淡季的生产空余时间多组织专题培训，班组长自己也应该成为一名好的老师，同时应该充分发挥企业内部的资源优势，可以请岗位能手、一线骨干、质检员、设备维护人员等做老师，让他们讲解操作、分享经验，这样不仅能提高大家的技能，还能起到软性激励的效果。正式聘请在岗位上愿意教人的老员工做班组教员，同样能起到突破阻力、化解风险、激励员工、改善关系的多重效果。

3. 委职锻炼

委职锻炼是培养后备管理干部、提升干部综合能力的重要途径。日常化的委职锻炼的实施，以班组管理为例介绍如下。

（1）班长

① 对班组管理的过程和结果向上、对外负全责。

② 进行整体统筹规划，协调内部和外部。

③ 对组长进行指导和监督。

（2）组长（骨干）

① 对小组管理的过程和结果向班长负全责。

② 进行小组内的统筹规划，协调内部和外部。

③ 指导和监督员工。

这是组长的职责。同时，每位组长还要负责协助班长在班组范围内（跨小组）推进工作，该项工作的具体事务由组长协助推进，最终责任由班长承担。例如，有三个组长A、B、C，组长A负责班组内现场5S活动的推进，组长B负责质量改善活动的推进，组长C负责设备一级维护活动的推进。

通过日常化的班组委职锻炼，组长不仅仅要关注如何做好本岗位的事情，还要站在班长的角度考虑怎么做好班组的工作，这样才能提升组长考虑问题的高度，学习岗位之外的管理事务，体验和领会班组管理的方法和技巧。

此外，日常化的班组委职锻炼还能改善组长之间的合作关系，促进班组合作、提升班组凝聚力。因为每位组长都负责一项班组管理事务，只有大家相互支持、配合才能做好班组工作。

（3）自主管理

在日常化的班组委职锻炼的基础上，可以推行班组自主管理、民主管理。由大家自主进行班组管理，重要的事项由"班组管理委员会"或"班组管理会议"集体决策，这样可以更好地调动班组成员的积极性，充分发挥大家的聪明才智，集思广益、群策群力。实行班组自主管理和民主管理，还能减小决策风险，同时使班组管理更有弹性，减轻班组长的压力。

4. 业绩辅导

业绩辅导能帮助员工端正态度、提高技能、改善方法，使员工有能力创造更好的工作业绩，是班组长的重要职责，也是班组业绩管理的重要方面。

业绩辅导是综合性的，既涉及技能培训、岗位培训，又涉及态度培训、专题培训；既需要进行正式的工作辅导，又需要辅助以私下交流、软性激励。

帮助别人就是帮助自己，部下的能力提高了，业绩更好了，班组长的工作业绩自然也就提高了。向员工提供业绩辅导，是班组长与员工建立业绩伙伴关系的重要途径。

三、传授工作的四个步骤

教员工做具体的事情，最终是为了转移工作，使对方能独立承担起某项具体的业务。班组长在传授工作之前，首先要充分了解部下，掌握部下的基本情况、性格特点、工作经验、能力特长、优势不足等，根据"适才适用"（适合的人做适合的事）和"适所配才"（相应的岗位配置有适合能力的人）的原则安排岗位。根据岗位需要和工作安排，确定传授工作的具体内容。

传授工作有四个基本步骤：学习准备、强调要点、试做和检验。

1. 学习准备

充分的学习准备是保证传授工作质量的重要前提。

学习准备包括场地的整理、材料和资料准备、纸笔等教具的准备，以及时间的预约等。

班组长在传授工作之前，首先应告诉员工要教他们做什么工作，询问他们对该项工作的了解程度，表达自己对他们的工作期望，使员工平心静气、心中有数之后，再让员工进入乐于学习的正确状态。

2. 强调要点

班组长在传授工作时，首先要将主要的工作步骤讲给员工听、写给员工看、给员工做示范，一边做一边强调要点，这样更有利于让员工加深印象，把握要点。

此外，讲解时要清楚、完整、有耐心，不要超出对方的理解能力。

3. 试做

班组长在传授工作之后，可以让员工一边试做、一边说出主要步骤及要点——这样做非常有必要，因为错误的理解有时也能得出正确的结果，但这种技能不稳定，不能确保他一直都可以做对。让员工边说边做，可以确认员工是否理解到位。

在员工试做的过程中也要帮助他改正错误，通过改正错误强化他的理解。例如，再让员工试做一次，同时说出要点，直到他确实理解为止。

4. 检验

当员工基本掌握了技能及要点之后，就可以让他开始工作，在员工工作的前期不能完全放手让他做，要亲自跟踪或指定协助他的人，经常检查其工作质量和工作结果，发现问题，及时指导，帮助他改正错误。同时还要鼓励员工提问，必要时再进行指导，然后逐步减少指导的次数，使员工能够独立作业。

以上四个步骤，其实就是技能转移和工作转移的过程。

任何人没有反省就不会有进步。班组长在教育部下的过程中，也要善于自我反省：对方没学会是不是因为自己没教好？

对思维灵活、领悟力强的员工要强调重点和变化点，预防他耍小聪明，自作主张，不守规矩，必要时加强跟踪、明确提醒。而领悟力差点的员工往往愿意学习，循规蹈矩，向他们传授工作时要循序渐进、步步为营。

21世纪，流行一句话即"教会徒弟，饿不死师傅"，因为师傅会利用时间去学习更多的、更新的、更高层次的本领，不断提升自己。

资源的稀缺性决定资源的价值，个人的可转移技能越多，他的社会价值就越大。

四、纠正不良行为的四个步骤

在工作过程中，员工难免出现一些不恰当的行为，管理者批评员工的目的是让员工认识到错误，通过纠正错误行为，避免下次犯错。

恰当的批评能达到上述目的，批评不当却会适得其反，所以，纠正员工的不良行为也要讲技巧。一般来说，纠正员工不良行为有四个步骤，描述行为、描述后果、听取解释、探讨改进。

1. 描述行为

管理者在批评部下时，首先要描述当事人的行为、现象、事实，避免一开口就批评其态度，类似"你怎么搞的""你这个人怎么这么不负责任"等直接批评对方态度的语言。

如果直接批评对方的态度，必然会引起对方直觉性的反抗，"你问我怎么搞的？我还想问你怎么搞的呢""没有啊，我觉得自己很负责任呀，你可以指出我哪一点不负责任了？"结果是，无论你说什么，对方都听不进去，因为直觉性的情绪反抗已经使他关闭了心灵的大门——需要提醒的是，也可能是由于你的不恰当言语造成了这个局面，所以你想改变他也就很难了。

相反，如果你首先描述对方的行为、现象、事实，对方也就无从辩驳因为这些都是非常客观的东西，大家很容易形成共识性的判断，不论其原因是什么，事实是大家都能看得到的。

2. 描述后果

描述上述行为、现象和事实带来的后果，包括带来的损失和不良影响。

损失是客观存在的东西，不良影响是可以感知的东西，由于前面的客观描述，使被批评者与批评者达成了共识。对于造成的损失和不良影响，说明员工行为的严重性能够使当事人接受。

对于不良影响，可以直接描述自己的感受，但最好不要直接下结论。例如，"难免让人觉得你是不是有点儿不负责任"，也可以借用别人的话来说，例如，"有人就说了，这个人一贯是这样——当然，这样的说法我们姑且不管它。"有的时候借用上级的影响来阐明严重性，也能产生非常好的效果，例如，"刘经理当时在现场看到这种情形非常不满，当即指示要马上整改！"

3. 听取解释

给部下说明的机会，认真地听取其对出现上述行为现象和事实的解释。有的人说：错了就错了，还给他说明的机会，那他狡辩怎么办？

其实给员工解释的机会利人利己，一方面如果对方真有特殊情况，而自己又不知情，让对方说明原因，会给自己留有回旋的余地，否则不管三七二十一就去责骂员工，最后当对方说出实情，反过来把你教育一通，这样就被动了；另一方面可以从对方的解释以及解释时的表现掌握实际状况，把握对方的思想动态，这样才更容易做针对性的说服教育。

一般来说，员工对不当行为的解释有两种：一是实事求是地说明实际情况，包括客观因素的影响、主观努力不足等；二是回避责任，找一些不存在或站不住脚的理由与借口进行辩解。

对前一种情况，在班组长认真听取之后，要对客观因素的影响表示理解，但并不表示可以接受上述行为；对于后一种情况，班组长要明察秋毫、火眼金睛，驳斥不存在或站不住脚的理由，这个过程其实就是说服教育的过程。

4. 探讨改进

批评人的目的不是发泄不满，是希望当事人纠正不良行为，防止今后再次发生。

接下来要做的就是请部下说明今后该怎么办，如果涉及事件的处理，可以听听对方的处理意见，例如，"事情已经这样了，关键是要从中吸取教训，对于今后怎么改进，我想先听听你的意见。"

对方愿意接受什么样的处理，对方表达的具体改进意见如何，直接说明批评教育的效果——也就是批评者的工作质量。

高明的管理者不论是批评部下还是表扬部下，都会给其表达意见的机会，之后再针对性地进行教育补充，例如，"对方对错误的认识比较深刻，可以说你刚才的改进建议也很好，但改进措施还不够完善，我有两点补充……"

恩威并施、刚柔并济，批评部下既要显示制度原则的严肃性，又要理解、包容，只要能起到教育的效果，不处罚也是好的办法。有的班组长功力不够，本来想教育对方，结果反对对方教育一通，非常狼狈。

做班组长没有一定的思辨能力是不行的，没有一定的表达能力也是不行的，不能分析人的心理，就更难以从思想深处教育部下，说服部下。

五、表扬员工的四个步骤

表扬员工也要有技巧，主要有以下四个步骤。

1. 具体描述员工的表现

抽象化的表扬打动不了人，例如，"小伙子，听说这段时间你表现不错"，对方淡然一笑，内心飘过一丝喜悦，正想听下文，上级却不再往下说了，这时员工也就不以为然，时间久了，有的员工就会觉得，我们领导对谁都会说"表现不错"。

表扬人首先要描述员工的行为、现象和事实，而且越具体越好，员工听到上级如此细致、具体地了解自己的工作表现，心里为之一震，马上就会有受到了重视和肯定的喜悦之感。

2. 给予表现机会

接下来询问部下是通过什么方式获得了上述成绩，有什么心得体会？例如，"你是怎样取得如此出色的成绩的？有什么诀窍可以分享吗？"

让员工有表达成绩、感受成就、总结经验的机会，这也是一种激励的方法。

有的人会说，有的员工是凭运气好获得成绩的，那要不要给他表达的机会呢？

一般来说，员工都会从积极正面的角度总结经验，他也会主动用这些总结出来的经验要求自己，这些经验不仅可以供他人借鉴，还能使部下自身得到强化。

很多时候，班组长要善于捕捉员工身上的闪光点，引导部下总结经验。

3. 探讨如何巩固成果

接下来要和部下一起探讨怎样巩固成果，使今后的工作更上一层楼，可以先听对方的想法再做补充。值得注意的是，要站更高一个层次，从更全面的角度，面向更长远的目标向对方提出自己的建议。

如果员工在取得成绩的同时，还存在某些方面的缺点和不足，此时管理者也应该明确地提出自己的期望和建议，结合工作目标和对方的职业发展目标来说明，这样会让对方更能体会上级的良苦用心，更容易接受建议。

4. 给予激励，表达期望

最后，要对员工的成绩再次给予肯定，对部下总结的经验给予明确的赞许，并鼓励其再接再厉。对于好的经验，可以向员工提出书面总结、公开分享等要求，这是巩固成绩以点带面的好方法，也是激励员工的有效手段。

例如，"这件事实在是令人振奋，你刚才谈到的经验对我们很重要，能不能请你书面总结一下？我们计划在本周三上午10：00—12：00召开一个专题会，到时请你用半个小时左右的时间和大家做个分享。"

六、业绩面谈的基本要点

进行员工业绩面谈时，方式、技巧、场合、时机等选择都十分重要。业绩面谈是各级管理干部必做的一件工作，阶段性地与员工一起总结工作，明确自己对部下的评价和期望，共同寻找不足，找到改进方向，犹如教练在体育比赛时的场间指导。

1. 业绩面谈的目的

员工业绩面谈的目的通常有三个：总结过往工作、探求解决之道和部署未来工作。

（1）总结过往工作

通过业绩面谈实现上级主管和部下之间对于阶段工作情况的沟通和确认，对过往工作进行总结，找出工作中的优势与不足。

（2）探求解决之道

对于部下在工作中存在的优势与不足，班组长要给予足够的重视，分析问题的原因，探讨解决的方式，通过业绩面谈达到巩固优势、消除不足的目的。

（3）部署未来工作

通过员工业绩面谈，上级主管还要明确自己对部下的评价和期望，还要向他们说明下一阶段工作的方向、要求、期望和目标等。

2. 业绩面谈的方法

（1）面谈前准备

在进行业绩面谈之前，班组长和部下都要进行适当的准备。

1）班组长要准备的事项

① 确认部下的业绩达标情况。尽可能用最初的目标指标、工作计划作为衡量标准，结合公司的业绩管理体系用数字化的方法进行系统评价、综合评价。

当涉及奖金等物质激励的业绩面谈时，尽量要准备书面的业绩总结材料。

② 评估部下的业绩。根据达标情况评估业绩，回顾本阶段重要的工作过程，对部下进行主观评价：好还是不好，满意还是有所期望；既肯定优点也要指出不足；既要谈有形的成果，也要谈无形的不足。

③ 考虑部下可能出现的分歧。结合实际和部下的个人特点，考虑自己的判断可能会遇到的不同意见，调整自己的结论或寻找观点支撑，目的是使双方容易达成共识，达到面谈的目的。

④ 考虑部下的发展。从员工发展的角度出发，明确自己对部下的期望，面向未来，为了职业发展，制订下一阶段的行动计划。

2）部下要准备的事项

① 对照目标总结成绩。与上级面谈，重点是对照目标指标，客观地评价自己的工作成果。

② 明确工作中的不足。回顾阶段性的工作过程，结合环境的变化，明确自己在工作中的不足之处，包括数字化的业绩，更重要的是总结自己的观念、态度和方法存在的差距。

③ 针对性地提出今后打算。部下一定要在上级面前明确表示自己的改进计划、行动方向，并真诚地表达希望得到上级的支持、指导、

批评和帮助的愿望。

（2）面谈的要点

①首先从工作出发，关注工作本身，关注工作与目标之间的差距。

②承认员工的贡献，有功劳表扬功劳，没功劳表扬苦劳，要肯定部下想把事情做好的良好愿望。

③明确部下在本阶段工作中存在的问题，包括具体业务的硬性问题，也包括思想观念、工作态度、工作方法、配合协调等软性问题。

④不仅关注已完成的工作，还要关注下一阶段的工作。

⑤面谈时要用描述性的语言，语气要平静、随和，措辞要恰当，表扬时不言过其实，批评时不"一棍子打死"，体现平等、积极、支持和面向未来的态度，避免责怪、责骂等情况发生。

⑥接受部下的意见，形成双向沟通，切忌"一言堂"，切忌以权压人。

一个好的领导者应该是一个好教练，能够帮助部下厘清自己的目标、调整自己的心态，继而引导部下围绕目标确定下一步计划，并支持部下采取合适的行动。

3. 业绩面谈的技巧

（1）选择环境

业绩面谈的环境非常重要，因为环境会影响人的心情，在业绩面谈中让部下保持轻松的心情非常重要。选择业绩面谈的环境时，一般要注意以下几个事项：

① 环境噪声一定要小，以使面谈双方易于交流。

② 业绩面谈时尽量不要受外界干扰，所以面谈地点可以选择在办公室、会议室、培训室等场所，避免在生产现场等人流大的地方进行业绩面谈。

③ 业绩面谈时最好不要有第三者在场。

（2）营造氛围

信任是沟通的基础，业绩面谈实际上就是上下级之间关于阶段性工作情况进行的一次沟通，所以，同样需要在面谈双方之间营造相互信任的氛围。信任的氛围可以让部下感觉到温暖和友善，这样部下就可以更加自由地表达自己的看法。

1）平等

信任来自平等，所以，在面谈中双方尽量不要隔着桌子对坐，可以利用圆形的会议桌，或者是并排坐在沙发，这样更容易拉近与部下的距离。

2）尊重

信任还来自尊重，当部下发表意见时，要耐心地倾听，不要随便打断，更不要武断地指责，正所谓"善听才能善言"，要给部下表达的机会。

（3）明确目的

在进行业绩面谈时，我们要做的第一件事情就是说明此次业绩面谈的目的。例如，是探讨不良业绩的解决方法，还是对部门及个人的工作提出指导等。

业绩面谈的目的可能不止一个，但只有让部下明确面谈的目的，才能让其放松心情，积极主动地参与到面谈中。

同时，在阐述面谈的目的时，我们应尽可能使用比较积极的语言。

（4）以事实为依据

在业绩面谈中，如果我们期望重点指出部下某些不良业绩，并期望部下改正，就一定要提前收集相关的信息资料，尤其是具体数据或者是具体案例及导致的具体损失等。

用数据说话，不仅可以让部下心服口服，还能让部下明白业绩不佳的原因，有利于更好地改进工作。

业绩面谈时，千万不要以"业绩不佳、管理不到位、表现很差"等概括性语言来评价部下的表现，这样，容易导致部下的不认可或者是产生抵触情绪。

（5）注意言辞

业绩面谈时，一定要避免使用极端化的字眼、语气或语调。例如，"你的工作表现太差了，让人无法接受""业绩这么差，你还有脸干吗"。

一方面，极端化的言辞会让部下认为主管对自己的工作评价缺乏公平性与合理性，带有个人感情色彩，从而增加不满情绪；另一方面，极端化的言辞会让人受到打击，感到心灰意冷，并怀疑自己的能力，对未来工作缺乏信心。

因此，业绩面谈时我们要控制自己的情绪，避免使用极端化的字眼，同时使自己的语气、语调尽量和缓。

（6）给予鼓励

业绩面谈的最终目的不是批评或者表扬部下，而是促使业绩改善或者稳步提升，所以，我们要以积极的方式结束面谈。面谈结束时，还要让部下树立进一步把工作做好的信心。

同时，要让部下感觉到这是一次非常难得的沟通，使他从上级那里得到了很多指导性的建议，并能感受到上级的支持和期望，所以面谈结束时要给予部下更多的鼓励、更多的信心。

七、教导部下的时机与方式

教导部下的时机和方式直接决定教导的效果。

著名职业经理人余世维先生说："要随时随地教育人。"教导部下，时机的把握非常重要。

切合时宜、恰到好处地进行部下教导，往往能事半功倍；而如果时机不合、方法不当，则会弄巧成拙、适得其反。教导部下的时机把握见表6–3。

表 6–3　教导部下的时机把握

教导方式	情形	教导形式	教导要点
批评	出现苗头时	介入	不露声色，轻描淡写，旁敲侧击
	出现矛盾时	正式介入	个别交流、当面交流、开诚布公
	出现问题时	分析调查	有理有据、公开激励
	出现事故时	调查处理	科学分析、公平公正
表扬	根据关注度	找亮点	关注谁就找机会激励谁
	计划性	找亮点	加强与部下沟通，表扬功劳、表扬苦劳
	业绩进步时	公开表扬	有理有据、公开激励
	重大贡献时	公开宣扬	大张旗鼓、多种形式、全方位激励
业绩面谈	随机性	工作寒暄	简单问候、交流、总结、指导
	项目性	项目总结	根据项目进展进行阶段性总结、交流
	阶段性	周期性总结	按周、月、季度、半年等时间段进行工作总结、交流
	年度性	年度总结	年度总结、计划，正式面谈

1. 发现苗头，巧妙切入

任何事情的发生都有一个过程，如果我们能在事情出现苗头的时候巧妙介入，就能将坏的事情消灭于萌芽状态，及时鼓励推动好的事情。

例如，有一次在生产现场，一位老员工让新员工小刘递扳手，小刘也没问清楚老员工要什么类型什么规格的扳手，就随手抓过一把扳手"砰"的一声丢了过去，这个情景恰好被班长看到，当时班长并没有马上教育新员工，而是在第二天吃早餐时和小刘有意闲聊。

"小刘，来公司半个月了，上岗也一周了，感觉怎么样，在公司还适应吧？"班长问。"还好，慢慢地适应了。"

"和同事们相处得怎么样？和你的师傅合作愉快吗？"班长接着问。

"很好，同事们对我都挺照顾的，我师傅对我也特别好。"

"那就好！那天我看见你师傅让你递扳手，你也没问要什么类型什么规格的扳手，就随手抓过一把扳手'砰'的一声丢了过去，这一丢把我吓了一跳，我还以为你和师傅有什么矛盾呢，听你说和师傅相处不错我就放心了。小刘，你刚参加工作，要虚心向同事和师傅学习，多问、多做，你的师傅比较内向，但心地善良，手上有活，要抓住机会跟他学习……"

这位班长巧妙介入，暗中提醒，起到很好的协调效果。

2．出现问题，正面化解

当问题、矛盾、事故暴露出来了，就要认真对待问题，进行正确的协调和处理。在了解事实的基础上，该肯定的要肯定，该批评的要批评，该指导的要指导，回避问题只会导致问题或矛盾的进一步恶化。

3．发生事故，珍惜机会

不要怕发生事故，事故是教育人的最好机会，因为有事故就会有损失，有损失就会引起大家的重视。所以要珍惜每次发生事故的机会，利用事故来教育员工。

4．关注重点，主次突出

处理工作要有重点、有主次，教导部下也一样。关注重点，主次突出，将更有利于部下明确工作重心，集中精力，解决重点问题。

5．全盘考虑，全面覆盖

教导部下要有计划，要进行合理的安排，要全盘考虑，不要将精力过多地投入个别业绩差或者是重点培养的对象上，而忽视了对其他员工的教导。

6. 不吝言辞，表彰业绩

当班组成员业绩进步时，班组长要不吝言辞，给予表扬和鼓励，并让班组成员自己说出取得业绩的原因，达到教育全员、树立标杆和榜样的作用。

7. 负面激励，一视同仁

当班组成员业绩退步或者出现问题时，也是教导部下的好时机。通过给予部下压力，从而促进班组成员产生改进的动力。

8. 随机性与阶段性相结合

阶段性的业绩面谈能不断地激发员工的干劲儿，让员工知不足、明方向。班组长有的时候可以随机地与员工聊一聊最近的工作感受，也可以按周、月、季度、年度等时间段进行业绩面谈，还可以根据工作项目进行面谈。当员工进行调岗、转换班组，或者职务、级别等发生变化的时候，管理者更要及时进行业绩面谈。

当然，这种时机把握和程度控制，非常考验管理者的功力，只有不断实践、不断总结，才能修炼提升。

八、有效的激励方式

1. 十种有效的激励方式

激励的方式多种多样，激励的机会随时随地，以下我们介绍10种有效的激励方式，见表6-4。

表6-4　10种有效的激励方式

培训式激励		发展式激励	
实惠式激励		精神式激励	
宽容式激励		竞争式激励	
关爱式激励	赞美式激励		批评式激励
尊重式激励			

（1）尊重式激励

对人的尊重是最重要、最基础的激励。

将部下当成是一个独立的、有思想、有感情、有自尊的个体来看待，不颐指气使、以权压人，而要以理服人、以情感人。从尊重部下的人格这一根本思想出发，充分理解每一位部下的成长经历及其环境差异，结合其性格特点，尊重员工的自尊，尊重员工的感情，尊重员工的劳动，尊重员工的想法，尊重员工的能力。

缺乏对员工的尊重，任何形式的激励都是虚伪的、不持久的。

（2）关爱式激励

你只有为对方考虑，对方才会为你考虑。

发自内心地关心、爱护对方，才能从内心打动他人，关爱式激励是一种有效的激励方法。管理者要用心做事、真诚做人，也要具备感动他人的能力。

作为班组长，要有能力让员工有上进心，有发展。不能一味地强势，什么事都不与员工商量。对于一些特殊情况，班组长要关心员工，要有人情味，要正确用人，正确管人，发挥每一个员工的最大能力和主观能动性。

（3）赞美式激励

对于员工好的行为，管理者要及时加以赞扬。一句表扬的话往往使部下感受到上级的肯定和认可，内心十分感激的同时还能激发出继续前进的动力。

赞美是成本最低却是效果最好的激励，部下做得好的时候，不要吝啬你的赞美之辞。班组长要注意发现员工以前没有表现出来的值得称赞的工作动力或行动，当这种出色的表现被及时给予肯定时，员工就会坚持下去，并且努力做出更好的成绩。尤其当员工本人尚未察觉自己的突出表现而上级给予及时的表扬时，则激励效果更为理想。

（4）批评式激励

人可以有缺点，但不能有致命的缺陷。为员工的业绩和未来着想，帮助部下克服致命的缺陷，恰到好处、恰如其分的批评也是一种激励。

班组长要时常关心部下的表现，明确评价其工作的情况，表扬好的，提醒不足的；关心部下的工作方法和思维观念，鼓励部下用心把工作做得更好。

人管设备很容易，人管人却很难。要想成功地进行班组管理，关键在于明确要求，结合具体的表现和事例，每天挑出最不满意的一位部下进行必要的批评教育。同时，找出一位表现出色的部下进行公开表扬，利用人的自尊心和上进心进行管理。

采用批评式激励，有两点需要把握：一是要明确表示希望对方怎么做，二是指导员工如何才能做得更好。简而言之，批评部下不是劈头盖脸地痛骂，而是要有理有据地进行分析教导。

（5）宽容式激励

心理学家研究发现，人在工作中容易出现三种常见的问题：疏忽、看错和偷懒。疏忽和看错是人的无心之过，主动偷懒是改善的动力，被动偷懒却是人天生的侥幸心理。

宽容体现的是人的胸怀、境界和人格魅力，具有极强的感化力。班组长要设身处地，换位思考，理解部下的难处，原谅部下的过失，给部下改过的机会。

需要说明的是，宽容并不是不讲原则、无限度地容忍错误，而是包容人的缺点、谅解人的过失、给人以改进的机会；同时在行动层面严格要求、切实改进。

（6）发展式激励

物尽其用，人尽其才。展现才华、激发潜能、发挥智慧，这是对部下最长久的激励。班组长平时要注重对骨干的培养，有意识地让他们参与到奖金分配和处罚决定等班组管理事务中，分担班组管理工作，树立他们的威信，使他们知道自己的发展方向，这样他们才有前进的动力。

发展式激励还能使部下摆脱"打工"的思维层次，真正走上职业发展的道路。

（7）竞争式激励

竞争使人进步。通过一岗多能、内部竞聘、业绩比较、技能竞赛、评优评先等活动，激发员工的危机意识、上进心和成就感，形成内部"比学赶帮超"的良性竞争局面。

所谓良性竞争，是指同事之间通过自身努力不断提高工作能力和业绩实力，不但相互较量、个别提高，而且相互学习、相互促进、共同提高，大家取长补短、互相帮助，形成良性互动的局面。

良性竞争的积极意义在于使我们溯本求源，用主动、积极、学习、求变和自省的心态面对工作和生活。

（8）精神式激励

班组长要对部下独具特质的才能给予充分表现的机会，这样能使其从个人兴趣、娱乐、特长的充分展现中获得成就感，得到激励。

赋予"岗位能手""五星级员工""免检岗位""优秀组长"等荣誉称号，是从精神层面给予员工赞誉和享受，是从思想深处表达对员工的认同，是在行为层面对员工榜样的推崇。

精神式激励能激发员工的激情，还能起到以点带面、群体引导的效果。

（9）实惠式激励

一线员工很少有外出学习和外部交流的机会，有的时候，安排员工出差也是一种激励，选择什么样的人就代表推崇什么样的工作表现，这里面有讲究。

正所谓管理无处不在，实惠式的激励机会普遍存在于工作当中，看似平淡无华，其实内有乾坤。

（10）培训式激励

在个人的职业发展过程中，能接受系统培训是最值得庆幸的。系统培训能使员工扩大视野、增长见识，提升技能、升华思想，互动分享、激情碰撞，提升综合素质和思维层面。培训是有助于未来、受惠于未来的事情。

给予部下培训的机会，是为部下考虑的一种高层次的激励方式。

2. 普惠式激励

班组管理不仅要善用经济杠杆，还要结合精神激励，激发员工内心的成就感和上进心，激发员工进步的内在动力。

（1）非物质激励的有效使用

1）经济奖罚是浅层次激励

有的班组长只用经济奖罚进行班组激励。其实，物质激励是表面的激励，管理学家称之为"保健因素"，即没有，员工就会"不满意"；有，员工"不会不满意"（而不是会"满意"）。

例如，拿2000元月薪的员工突然一个月拿到5000元，确实会激动一阵子，可这只是三分钟热情，多拿两个月之后，员工就会觉得理所当然了，他会觉得自己本来就应该拿5000元月薪。

所谓"人心不足"，工资当然是越高越好，但员工工资也要有个度，所以，班组激励不要只用奖罚的手段，用多了太单一，也会失效，员工对奖罚激励就会变得越来越麻木。

2）物质激励要与精神激励并举

班组长不仅要注重物质激励，还要重视精神激励。

例如，某企业坚持推行"零缺陷"管理，每天由班长对员工作业的缺陷、尺寸超差等质量情况进行跟踪考核，每月根据考核结果确定员工表现是否达标，进行星级评定，公司向达标员工颁发达标奖，连续达标者可以参与评选公司先进员工、十佳员工等。同时，公司还将优秀员工的照片及先进事迹张贴在橱窗上，组织大家学习。

对于优秀员工不仅要给予经济上的奖励，还要给予精神上的激励，激发他们的认同感、成就感。对于连续12个月、24个月达标的员工，公司可以举行隆重的颁奖仪式向他们颁发奖章，利用内刊等各种途径大力宣传他们的事迹，号召广大干部员工向先进员工学习。称号、荣誉会对员工产生更大的激励作用；标杆、榜样上墙，能取到更好的示范作用和激励效果，这比单纯的现金奖励作用更明显、更持久。

（2）班组管理中的普惠式激励

美国好莱坞的奥斯卡奖就是遵循普惠式原则设置的，除了设有含金量较高的最佳影片奖、最佳男主角奖、最佳女主角奖、最佳导演奖外，还设有最佳男配角奖、最佳女配角奖。同时为了提高奖项的覆盖面，又将很多奖项进行细化拆分，例如，最佳音乐奖又分为最佳作曲奖、最佳配乐奖、最佳歌曲奖三项，在最佳影片奖之外还设置了最佳外语片奖、最佳短片奖、最佳纪录片奖等，而各项入围奖的设置就更多了。

奥斯卡奖的设置能够充分调动全员参与的积极性，激发内在动力。普惠式激励的作用就在于此。

因此，我们在设计班组激励时也可以借鉴奥斯卡奖的设置，采取普惠式激励，例如，设置最佳业绩奖、最佳单项奖、显著进步奖、首次达标奖、改善亮点奖、持续稳定奖等多种奖项，激发员工参与的积极性。这样将取得更好的效果，实现班组业绩的提升。

只有把员工教导和有效激励相结合，软性技巧和硬性技巧相结合，通过推动具体的业务改善，才能加强班组建设、培养一线人才。

有效沟通、恰当地处理人际关系，教导部下、有效激励，这是班组管理必不可少的软性技巧。它们水乳交融、融会贯通，只有结合具体的班组管理工作，不断学习，不断理解，不断感悟，并结合自己的方法综合运用，才能内化为自己的知识和能力。

後記

AFTERWORD

"我们班组长的能力基本上是在实践中锻炼出来的，技能娴熟，吃苦耐劳，一个人做事绝对没问题，可如果要他带领一群人做事就有点力不从心了……"

技术专才走上管理岗位存在转型问题，技能能手担任班组长同样也需要进行角色转换。

从在改革开放环境当中成长起来的80后员工到在网络环境当中成长起来的90后员工，再到在国际化环境当中成长起来的新世纪一代，面对价值观巨大转变后的新一代劳动力带来的管理挑战，中国企业该如何应对？

未得到满足的需求会让人产生紧张感，进而激发心理动机、寻求现实行为，在需求得到满足后紧张得以降低。组织行为学的研究科学地揭示了个体、群体和组织变量对企业运营的生产率、缺勤、流动和工作满意度的影响规律，对于现代工厂管理有着极其重要的指引作用！

班组是企业的细胞，是企业执行系统中的最基层组织，犹如高楼大厦的地基一样，现场管理干部就是混凝土当中的钢筋，因此，现场管理干部群体培养的重要性不言自明。

希望读者通过阅读这本书，能够对自己的工作有所启发，能够获得实质性的帮助。